ご近所 半日旅

吉田友和

ワニブックス
PLUS新書

はじめに――近くて、短くても旅なのだ――

旅ができない――まさかそんな時代が来るとは思わなかった。

この一年間、一度も日本を出ていない。長いこと放置しているせいか、パスポートが埃を被っている。ほぼ毎月のように海外へ行っていた日々が幻想のようだ。

旅を生業《なりわい》としているから、影響がないというとウソになる。実際、予定していた企画がいくつも飛んだ。

だが、しかし――。

実は悲観はしていないのだ。ストレスもたまっていない。

なぜなら、新しい旅を始めたから。

世の中の変化を踏まえたうえで、現実的に可能な範囲でいかに楽しむかを自分なりに模索した。その結果いきついた解決策の一つ。

それが、「ご近所半日旅」である。

改めて注目してみると、家の近くにも面白そうな場所がたくさん存在することに気がついた。豊かな自然に触れられる公園。知的好奇心を刺激される史跡もある。いつも素通りしていたお店が、実は知る人ぞ知る名店だったりもした。

最初のうちは、遠くへ行けない代わりにと、なかば妥協するような形でそれらご近所のスポットを訪れていた。ところが、いざ行ってみると、これがなかなか楽しめた。というより、驚くほど普通に旅気分を味わえたのだ。

馴染み深い地元のローカル観光地だからこそ、逆に新鮮なのかもしれない。やがて暇を見つけては、ご近所を旅するようになった。気がついたら、その魅力にすっかり取り憑《つ》かれていた。

ご近所だから、ちょっとしたスキマ時間にブラリと行けるのも大きな利点だ。午前だけ、あるいは午後だけといった「半日旅」にちょうどいい。

なるべく人がいない場所、時間帯を狙うことも心がけた。穴場を見つけられたときは、喜びもひとしおだ。

近くて、短いけれど、旅はできる。

近くて、短いけれど、それでも旅であることには変わりない。

要は気持ち次第なのだ。ひょっとしたら、他人からすればただの散歩に見えるかもしれない。しかし、自分の中で旅であるのなら、それでいい。

いまこそ、ご近所を再発見する旅へ出発しよう！

目次

第一章 〝ご近所半日旅〟とは

「半日旅」のススメ

ご近所半日旅とは、そもそも何なのか――。

キーワードは二つだ。「ご近所」であり、「半日旅」である。つまり、近場の短い旅というわけなのだが、もう少し補足が必要だろう。

まずは「半日旅」から説明してみたい。なぜこちらからなのかというと、個人的に馴染み深いものだからだ。

実は、この「半日旅」をテーマとした本をこれまでに計四冊出版してきた（いずれも本書と同じワニブックスＰＬＵＳ新書だ）。東京版、京阪神版、福岡版、名古屋版と地域別に計四冊。近年とくに力を入れて取材しているテーマなのだ。

それら出版済みの著書においては、半日旅を次のように定義づけている。

半日旅＝思い立ってすぐに実行できる旅

これこそが、最大の特徴であり、利点と言っていい。

旅行というと、何ヶ月も前から計画を立て、交通手段や宿の予約を入れるのが普通だろう。同行者との調整や、荷物の用意も結構大変だったりする。対して半日旅では、そういった前準備がほとんど要らないのだ。

旅は思い立ったときが行きどきである。予約したときこそテンションは高かったが、出発当日にはその熱も冷めてしまい……みたいな経験をお持ちの方はきっといるはずだ。少なくとも僕自身は何度も経験している。

計画から実行までのタイムラグが長すぎると、気持ちが盛り下がってしまう。ならば、思い立った次の瞬間に旅立ってしまえばいい。半日旅ならば、そんな芸当も可能なのだ。

なお、単純に一日の半分だからという理由で、「半日旅＝十二時間の旅」とすることはあえて避けている。時間を明確に区切ると忙しい感じがするし、旅のような娯楽を数字で表現するのもなんだか情緒に欠ける。あくまでも、気軽にできる旅であるということを強調したいのだ。

どこまでが「ご近所」なのか

ご近所半日旅とは、要するに「半日旅」の発展形である。

というわけで、続いてもう一つのキーワードである「ご近所」について考えてみたい。

ずばり、どこまでをご近所とするのか。これは悩ましい問題だ。人それぞれ距離感は違うし、住んでいる地域によっても状況は変わってくる。

都道府県、あるいは市町村単位で区切る手もあるが、それはあえてやめた。面積からして違うし、交通環境も異なる。県境や隣の市との境界線近くに住んでいる人もいるだろう。それこそ家の前の道を渡った瞬間、別の街になるようなケースだって想定される。

そこで、本書では分かりやすさを優先する形で、大きく二つの段階に分けて考えてみることにした。

(1) 超ご近所

まず、自宅から徒歩あるいは自転車で訪問可能なエリア。

個人的には「ご近所」という言葉のイメージに最も近いのがこの段階かな、とも思う。友人・知人が住んでいて、普段から行き慣れたスーパーや商店街にアクセス可能な範囲。

自転車といっても、ロードバイクなどで自動車並みの速度で走って長距離移動するような「ガチ勢」は除く。いわゆるママチャリなどの一般的な自転車で、無理なく移動できる範囲を想定して欲しい。

(2) ややご近所

次に、自宅から電車やバスなどの公共交通手段で短距離移動したエリア。

電車は各駅停車や準急、急行などあるが、それら種別はとくに気にしない。重要なのは、移動距離よりも移動時間である。

過去の半日旅シリーズにおいては、一時間程度が理想的な移動時間としてきた。それがひとつの目安ではあるのだが、ご近所となるともう少し短くてもいい。最短で十分〜

十五分ぐらい。現実的なのは三十分程度。多少遠いところで一時間が上限といった感じ。

なお、新幹線は除外する。乗り換えが生じるのは構わないが、できれば最寄駅の沿線がベストだ。

以上、二つ。色々書いたが、正直なところ、そこまで厳密に区切るつもりはない。よく分からないという人は、各自が考える「超ご近所」「ややご近所」を思い浮かべながら話に付いてきてくれれば、とりあえずはそれでOKだ。

ご近所半日旅と散歩の違い

超ご近所と、ややご近所。いずれにせよ遠出はしないし、宿泊もしない旅であることは明確だ。となると、こんな疑問を感じる人もいるだろう。

——それって、「旅」と呼んでいいの?

これまでの半日旅においても、たびたび指摘されてきたことだったりもする。そしてその質問に対して、「旅」と呼んでも全然問題ないのだと僕は即答してきた。

何をもって「旅」とするのか――奥の深い話題だろう。

結局のところ、自分がどう感じるかではないか。自分自身がこれは「旅」なのだと確信するのなら、それでいいのではないかと思うのだ。

たとえば、ご近所をブラブラするだけなら「散歩」という言い方もできる。とくに「超ご近所」のほうは、行動内容はまさに散歩が主体だ。

しかし、それでも僕は「これは旅なのだ」と主張したい。たとえどんなに近いところだったとしても、見知らぬ場所へ行って好奇心を刺激され、ときには新しい発見を得られるような行為は「旅」なのだ。

ともあれ、根拠のない主張ばかりしても説得力がないことは自覚もしている。強いて「散歩」と「ご近所半日旅」の違いを具体化するなら、時間が一つの目安になるかもしれない。

散歩というと現実的なのは一〜二時間だと思う。対してご近所半日旅は、もう少し長いイメージである。少なくとも三時間以上。半日旅というぐらいなので、最大で半日。

そう考えるとやはり、散歩よりもさらに一歩先の愉しみ方といえるのではないだろうか。

知りたい欲求を満たすための旅

時間以外にも、ただの散歩との相違点はある。それらこそが、ご近所半日旅の魅力と言い換えてもいい。

やはり大きいのは、自分が暮らす地域とじっくり向き合えること。改めて我が街のいいところや、残念なところを見つけ出す作業は案外新鮮なものだ。

たとえば、自宅から最寄駅までの見慣れた風景。いつもなら通過するだけの道のりだが、意識して探すと意外な発見があって驚かされる。

「なんで気がつかなかったのだろう……」

と、自分の観察眼の鈍さに唖然《あぜん》とするのだが、言い訳するならば、普段は忙しくてそんなところにまで気が回らない、というのも正直なところだ。

そういう意味では、自分の中での時間の流れを少しゆるやかなものにできることもご近所半日旅の利点といえるだろう。あくせくせずに、スローペースで愉しむ。旅は日常ではなく、非日常なのだから。

あとは、もちろん単純に気分転換や運動にもなるが、これらは散歩にも当てはまることで、どちらかといえば副産物と言っていい。結果的に気分転換や運動にはなるけれど、目的自体はあくまでも「旅」なのだ。

旅をしていると、見たい、知りたい、体験したいといった新たな欲求が生まれてくる。それら欲求が生まれるかどうかという点もまた、ただの散歩との決定的な違いといえるかもしれない。

ただブラブラするのではなく、探究心を持って目の前の風景と向き合う。すると、ささやかな発見も愛おしく思えてくる。

遠出好きの人ほどオススメ

とまあ偉そうなことも書いてしまったが、筆者自身もご近所半日旅の魅力に気がついたのは比較的最近だ。これまで日本全国、世界各地を落ち着きなく旅し続けてきた。まだ見ぬ秘境を求め、何時間、何十時間もかけて遠くへ移動することに満足感や達成感を得るタイプの旅人である。

そう前置きしたうえで力説したいのだが、実はご近所半日旅はそういう遠出好きの人ほどオススメである。あまりにスケールが違うから逆に目新しさがある。落差が大きいがゆえに、何かを発見したときの喜びがより大きなものになる。

海外旅行ばかりという人はもちろん、国内でも沖縄や北海道みたいな飛行機でしか行けないような場所ばかり好んで旅する人にこそ実践してみてほしい。ご近所だからと侮るべからず、である。

どこかへ旅行に行ったときのことを思い返してみよう。旅先ではいったいどういう行動を取るだろうか。

のんびりとそぞろ歩きながら、その土地を五感で体験する。目にするあらゆるものが新鮮だから、あちこちキョロキョロと見回してしまうのもお約束だ。

それらとまったく同じ行動を、あえてご近所でやってみればいい。見慣れた風景の中でもスイッチを旅人モードへ切り替えるのだ。

——歩く速度を下げる。

——視線をさまよわせる。

たったそれだけでも、なんてことはない街の風景が一変して見える。ときには写真に撮りたくなったりもするかもしれない。

「別に遠くに行かなくても旅はできるんだなあ」

やがてきっと、そう考えるようになる。

再訪しやすいのも魅力

行ったことのない場所ばかりを選んで旅したいとは思わない。旅先の選定基準は、自分がそのときに行きたいかどうかだ。むしろ同じ場所を何度でも旅していたりする。いわば、リピーターである。

海外でいうなら、個人的にタイには恐らくこれまで五十回以上は訪れている。アメリカや中国で十回ぐらい。ちょっとマニアックなところだと、インドに五回。これまでに計九十ヶ国程度旅したが、複数回訪問している国はかなりの数に上る。

国内になるともっと顕著で、沖縄や北海道は数え切れない回数行っている。一度しか旅したことのない都道府県のほうが少ないぐらいだ。

なぜ同じ場所を再訪するのかというと、単純に気に入ったから。いいところは何度行ってもいい。別にスタンプラリーをしているわけではないのだ。

それに、同じ場所の旅だからといっても、体験内容が毎回まったく同じになるということはあり得ない。新しいお店がオープンしていたり、まだ行けていない観光地も残っていたりする。前回の訪問時と比較しながら旅するのも、リピーターならではの楽しみ方といえるだろう。

この、リピーター的な旅がより簡単に実現できるのもまた、ご近所半日旅の魅力である。

どんなに好きでも、海外となるとさすがに行くのに時間がかかる。国内でも飛行機や新幹線に乗って移動するとなると、ハードルが上がる。

その点、ご近所ならば気軽に再訪可能だ。行こうと思えばすぐに行ける距離に旅先がある。ご近所なんだからそんなの当たり前だろうと思われるかもしれないが、旅人の視点で考えるとこれは見逃せない魅力だ。それこそ時間さえあれば毎日だって旅ができるのだ。

お金をかけずに旅気分が味わえる

さらには、低予算で済むのもご近所半日旅のメリットといえる。

旅行というと、飛行機や新幹線で移動したり、ホテルに泊まったりと何かとお金がかかる。必要な金額はどんな旅をするかによっても変わるが、ほぼ青天井であり、予算に余裕があるほうが選択肢は多い。

ある意味、お金をかけてナンボの世界なのだが、ご近所半日旅ではこの点あまりお金のことは気にしなくていい。これは、かなり大きい。

行き先が近場だから移動費はほとんどかからないし、日帰りなら宿泊費は当然不要だ。内容によってはほとんどタダ同然で実現できる旅もある。お金を使ったのは、途中で自販機で買ったジュース代だけ、みたいなこともしょっちゅうだ。

しかしながら、安いからといって、得られる体験が劣るかというと決してそんなことはない。どれだけ満足できる旅なのかについてはこれから本書で綴っていくが、少なくともこうして一冊の本にしようとするぐらいには価値あるものだと確信している。これほど費用対効果が大きい旅はないとさえ思っている。

予算的なハードルが低いことは、繰り返し実行しやすいことも意味する。遠方への旅となるとそう頻繁には行けないという人でも、ご近所半日旅なら休日のたびに実現可能だ。

その魅力に取り憑かれたなら、躊躇《ちゅうちょ》せずに全力で「沼」にハマっていこう。いっそのこと、新しいライフワークにするのもいいだろう。

誰でも簡単にできて、お金もあまりかからない。いいことずくめのご近所半日旅の具体像について、次章から詳しく紹介していきたい。

第二章　〝超ご近所〟で再発見

知らない道で初めての場所へ

第一章では、「ご近所半日旅」とは何か、について整理した。いわば、導入編である。ここからは、いよいよ実践編となる。

前章で「超ご近所」「ややご近所」と二段階に分けたが、まずは「超ご近所」から考えていきたい。

最初に結論から書いてしまおう。

家の近所は、「未発見」の宝庫である！

――と。声高らかに宣言した（つもりである）が、心底そう思うのだ。見知ったはずの近所だからこそ、何かを発見したときの驚きが大きなものとなる。

手っ取り早い方法としては、毎日の通勤路をあえて変えてみる、なんてのも面白い。

いつもとは違う道を通って駅へ向かう。多少遠回りになるかもしれないが、束の間《つかま》の冒険気分が味わえるはずだ。

朝は急いでいることも多いと思うので、帰り道でもいい。いずれにせよ、たったそれだけでも案外未知の風景に出合える。

これは筆者の話になるが、普段通っているのとは一本違う道で家路についたときのこと。住宅街の狭い道、途中で偶然パン屋さんを見つけた。民家を改造したような小さな店舗だったが、これもまた何かの縁だろうとそこでパンを買って帰ったら、これがなかなか美味しかったのだ。

「こんなところにこんな美味しいお店があったとは！」

と、意表をつかれたわけだ。誠にささやかな発見ではあるが、こういうローカルな出合いは嬉しいものである。そのパン屋さんには以来、たまに買いに立ち寄るようになった。

これだけ話すと、単なる日常の出来事のようで、旅の要素がないのでは？　と思われそうだが、そんなことはない。どこか遠くへ旅に行ったとしても、やっていることは実は結構同じだったりするからだ。

知らないお店を見つけて、買い物をする——むしろ、旅先では最もポピュラーな行動パターンの一つと言っていいだろう。

ご近所とはいえ、あくまでも旅先なのだと自分に言い聞かせる。色眼鏡を外して、馴染みの街との向き合い方を変えてみる。繰り返しになるが、旅人モードのスイッチをオンにするのだ。

グーグルマップで緑色を拡大せよ

あえて闇雲に訪問するのも楽しいが、事前に下調べをすると行動範囲はさらに広げやすくなる。では、面白そうなスポットをどう探せばいいか。

自分の場合、最もよく利用するのはグーグルマップである。言わずと知れた定番地図サービスだが、ご近所半日旅でも非常に重宝する。

使い方はシンプルだ。アプリを立ち上げ、現在地、つまり自宅周辺を表示させる。そここから指でグリグリ画面を移動させながら、気になる場所を拡大表示していく。キーワードで検索するのではなく、地図の画像からスポットを割り出していくやり方である。目的がハッキリしているなら検索してもいいが、そうでないならこのほうが視覚的でわかりやすいと思う。

——今日はこっちの方角に行ってみよう。

——この前はあっちに行ったから今度は逆に。

そんな感じで、気分に任せて地図をグリグリする。

近頃は、とくに地図上の緑色の部分に注目することが多い。たいていの場合、拡大していくとナントカ公園だとか、ナントカ緑地みたいな名前が表示される。色が示す通り、そこは要するにグリーン・スポットというわけだ。

自然に触れられるような場所はやはり貴重だ。マイナスイオンを浴びて心癒されるし、屋外なので「密」も避けられる。

地図上の緑色の面積の大きさで、そこにある自然の規模を推し量れたりもする。

——近所にこんなに広い緑色の場所があったとは！

と驚きつつ、実際に足を運んでみるわけだ。

グーグルマップでは「スター」を付けられる。お気に入りスポットを登録する機能だが、自分はこれを日々フル活用している。行きたい場所、行って良かった場所などを随

▲地図上の緑色の部分を拡大していく。地味な手法ながらかなり有効だ

時登録していき、自分だけのオリジナルマップが出来上がっていくのは楽しいものだ。また、それら登録内容や過去の表示履歴などを元に、アプリがＡＩによって自動でオススメの場所を優先表示してくれたりもする。これも何気に役に立つ。さながら、専属ガイドのような感じ。

地図というのは旅をするうえで欠かせない存在で、なんとなく眺めているだけでも色々と発見があるものだ。そのことは従来からある紙の地図でも、グーグルマップのようなデジタル地図でも変わらない。

知ってるけど行ったことのない場所へ

ここまでは、知らない道を通ったり、知らない場所へ行ってみよう、という趣旨のことを述べてきた。では、逆に知っているところだとどうか。

存在自体は認識していても、行ったことはないという場所もあるだろう。あえてそういうスポットへ足を運んでみるのも面白い。

これまた筆者の話になるが、この前「世田谷城阯公園」を訪れた。その名の通り、戦国時代の「お城」の跡である。筆者は東京都世田谷区にかれこれ二十年以上も住んでいるのだが、いまさらながら初めての訪問である。存在自体は前から知っていたものの、なかなか訪れる機会がなかった。

いや、機会がなかった、というのは正しくないか。行こうと思えばすぐにでも行ける距離なのだ。単に興味が湧かなかっただけだろう。

城巡りは自分の旅の中でも割と定番のテーマで、全国各地の名城を見て歩いているつもりだが、一方で地元のお城を完全にスルーしてしまっていた。これぞまさに、灯台も と暗しである。

世田谷のような住宅街に、お城のようなものがあること自体に驚かされるが、行ってみてビックリした。これが、なかなかいいところだったのだ。

お城といっても、それと知らないと単なる公園の一種にしか見えない。天守や櫓《やぐら》といった派手な建築物はないし、せいぜい空堀や土塁が残る程度である。

それでも、そこそこ広い敷地面積を持ち、適度に起伏があって、緑にあふれる空間というだけで非日常感を味わえたりする。住宅街の中にあるからこそ、そのありがたみが大きくなるのだとも思った。

お城のすぐそばには、「豪徳寺《ごうとくじ》」という有名なお寺がある。こちらも行ったことがなく、今回ついでに立ち寄ってみたのだが、彦根藩主の井伊家の菩提寺だそうで、観光意欲を駆り立てられるスポットだった。招き猫の発祥の地ともされ、境内には招き猫が多数祀られていたのも印象的だ。

家から近すぎて行っていなかった名所――そういうスポットに改めて狙いを定めてみると、身近であるがゆえの感動が得られるだろう。

▼ 世田谷城阯公園。土塁と堀の一部が残されている

行ってみたら何もなかった場合

知らない場所、初めて訪れる場所なのだから、そこが本当にいいところなのかどうかは行ってみないと分からない。当たりもあれば、もちろん外れることもあるだろう。

では、運悪く外れを引いてしまったときはどうするか。

あまり落胆せずに、サッサと気持ちを切り替えたほうがいいだろう。

せっかく来たのだからと、周辺にある別のスポットに立ち寄ってみたり、初めてのお店で何か食べ物でも買ってお土産代わりにするのも一つの方法だ。その場所へ行ったことで得られる見返りのようなものが何か一つでもあれば、自分の中で納得できる。

もっとも、ご近所半日旅である。時間やお金をかけて遠くへ旅しているわけでもないから、たとえ外したとしてもダメージは少ない。

「まあ、こんなものか……」

と、あきらめもつくはずだ。

旅というのは、どう転ぶか分からない。予定調和ではないからこそ、むしろ面白いのだが。

当たり外れのほかにも、さまざまなハプニングが起こり得る。たとえば、意気揚々と家を出たら、間の悪いことに雨が降ってきたり、なんてパターンは案外多い。

雨に降られたらどうするか——やはり、素早く気持ちを切り替えるべきだ。近所なのだからと傘を取りに戻るのも手だが、目的地が屋外のスポットだったなら、行き先そのものを変更したほうがいいかもしれない。

いずれにせよ、旅をするうえでは何かに固執しすぎるのは禁物だ。大事なのは状況に応じて臨機応変に対応すること。

自分の中で選択肢をなるべく多く用意しておきたいところだ。日々の生活の中でアンテナを張り巡らせ、行きたい場所や、気になるスポットなどを蓄積していく。それをしやすいのもまた、超ご近所ゆえ、といえる。

ご近所で名所を新発見するのだ

旅に出て、どこか見知らぬ街へ訪れたとき、フトこんなことを考える。

「この街の人たちは、どんな暮らしをしているのだろう」

旅人である自分からすればそこは「異国」である一方で、現地で生まれ育った人にとっては「生活の場」に過ぎない。立場の違いで見える景色が変わってくるわけだ。

ご近所半日旅に臨むにあたっては、この立場を逆転させてみると分かりやすい。自分にとっては親しみ深い地元の風景も、余所《よそ》から来た人にはきっと目新しいものとして映る。

そういう旅人の目線で改めて見てみると、我が街にも意外と名所があるのだと気がつく。その際、名所の探し方自体はいつもの旅行を踏襲すればいい。

前項でグーグルマップは画像を元に調べるのだと書いたが、ここではキーワードでの検索を行う。オススメは、同じように自宅周辺を表示させたうえで、スポットのジャンル名を入力する方法だ。

たとえば、「美術館」あるいは「博物館」と入れてみよう。すると、思いのほか多くの検索結果が表示されたりする。もちろん、場所によっても差はあるだろうが、筆者が住む世田谷区近辺に限っていえば、十件以上は出てくる。

知っている場所もあれば、初めて見る名前もある。都営の大きな施設から、個人経営の小さなアトリエのようなところまでさまざまだ。

気になったスポットのクチコミをチェックしてみると、中には遠方から訪れていると思《おぼ》しき書き込みが散見されたりして興味深い。これぞまさに、旅人と生活者という立場の違いを意識させられる瞬間だ。

自分が住んでいる地域の施設へ、わざわざ足を運んでいる人がいる——その事実が誇らしいし、それほど有名なスポットがあるのなら、住人としては一度は見ておきたいなあと思えてくる。ご近所半日旅のきっかけになるのだ。

「美術館」「博物館」は一例なので、もちろんほかのキーワードでもいい。たとえば、「古墳」「温泉」「テーマパーク」など。田舎にしかなさそうなものを、あえて都市部で探してみると、意外な発見が得られるかもしれない。

また、施設のジャンル名ではなく、旅の目的を入力してみるのもおもしろい。筆者がよく調べるのは、「散歩」「社会科見学」「ピクニック」など。それらが実行できるスポットが表示されるので便利だ。

ネットではなく足で探す楽しみ

自分の場合、昔からネットへの依存度が高く、スマホなどのデジタル・ツールをフル活用する旅のスタイルを貫いてきた。過去にその手のハウトゥー本を書いたりもしている。

だから、いまさら何を言うんだと突っ込まれるかもしれないが、実は最近になってネットに頼らない手法もありかもしれないなぁと少し思い始めている。デジタルからアナログへ回帰したような感じである。

きっかけとなったのは、まさにご近所半日旅だ。

▲ネットで見つけにくい情報は足で探すのだ

街をあちこちさまよっているだけでも、次々と発見があるのだ。それらは、あくまでも現場だから得られるもので、画面の中のネットの情報だけ見ていては気がつかないものだったりする。

いささか強引な喩《たと》えかもしれないが、それはリアル書店で買い物をするような感覚にも近い。お目当ての本が決まっているのならネット書店で検索してポチるほうが手っ取り早いが、リアル店舗ならたまたま目にとまって衝動買いするという行動パターンも生まれる。

旅においても同じなのだ。実際に足を運んだほうが、そういう偶然の出合いのようなものが生じやすい。それにネットでの調べ物は、ＡＩのアルゴリズムに左右される。ものすごく便利な一方で、その仕組み上、受動的になりやすい。グーグルが提案してくれる場所ばかり訪れるのもつまらないと思うのだ。

見知らぬ街ならともかく、ご近所である。なおさら、ネットより自分の足で探す意義も出てくる。事前に綿密な計画を立てる必要もないわけで、思い立ったらとりあえずその場所へ行ってみればいいわけだ。

もちろん、どちらにも長所と短所がある。デジタルとアナログ、状況に応じて上手く併用できると最良だ。

役所は実は旅情報の宝庫

旅の内容がローカルになればなるほど、アナログ的なやり方が通用するようになる。ご近所半日旅をしていると、そのことをしばしば実感する。

抽象的な話が続いたので、ここで具体例を紹介しよう。

アナログならではの手法で情報収集するのにオススメの場所がある。

それは、どこかというと役所だ。

都道府県庁や、市町村の役所には観光課のようなところが必ずあって、市民向けに窓口を開設している。観光課ではなく観光局、観光協会などとなっていることもあるし、場所も役所内だったり、ターミナル駅構内だったりとさまざまだが、とにかくどこかにあるはずだ。ここでは便宜上、「観光案内所」という記述で統一しておこうか。

それら観光案内所は、ご近所半日旅をするうえで非常に役に立つ。情報の宝庫とまで言ってもいい。

東京都内であれば、なんといっても圧巻なのが新宿の都庁第一本庁舎一階にある「東京観光情報センター」だ。二十三区および多摩地区の情報がエリアごとに紹介されており、地図やパンフレットが多数置かれている。ものすごい情報ボリュームで、細かく見ていると、時間がいくらあっても足りないほど。

都ではなく、区の役所にも、よりローカルな情報が集まっている。筆者が住む世田谷の場合、区役所に隣接する区民会館の中にある区政情報センターに、観光情報コーナーが用意されている。

役所なんて何か用がない限りはまず行くことはない場所だ。仮に用事があったとしても、モチベーションは上がらない。

「ああ、行くのが面倒だなぁ……」

と、億劫《おっくう》な気持ちになるのが常なのだが、観光案内所へ試しに立ち寄ってみたら、期待した以上の成果が得られてすっかり見直した。それらはご近所半日旅の手がかりとなるもので、すぐにでも使えそうな情報ばかりだ。

一般的な観光ガイドのほか、たとえば区内の「名木百選」を集めたマップなんていうユニークな冊子まで用意されていた。

やはり、地元密着型の情報発信施設ならではといえるかもしれない。その場へ足を運ぶことで、情報収集に対する意欲が高まるという副次効果もある。ネット上をふらふらしているだけでは、なかなか巡り合わない情報も得られるのは確かだ。

ちなみに、これは余談だが、役所まで行ったなら、ついでに利用してみたい場所がある。食堂である。主にそこで働く職員をターゲットとしたものだが、誰でも自由に食事ができる。穴場と言っていいだろう。

都庁の第一本庁舎であれば、三十二階に広い食堂がある。高層階だけに眺望が素晴らしく、窓際の席に座れば東京の街並みが一等地から一望できる。

実は全国各地を旅する際にも、個人的に役所内の食堂を食べ歩いたりしている。大抵はその地の名物料理がメニューにラインナップされているし、なんといっても価格が安いのが魅力だ。

世田谷区役所の食堂では、日替わり定食がなんと四百円だった。

たとえばこんな超ご近所半日旅

引き続き、旅の情報を得るために世田谷区役所を訪れたときの話だ。

区役所の最寄駅は、東急世田谷線の松陰《しょういん》神社前駅というところなのだが、密かにその駅名が気になっていた。松陰神社——存在自体はなんとなく知っていたものの、これまで二十年暮らす中で一度も訪れたことがなかった。

神社へ参拝する習慣がないわけではない。むしろ、旅先などでは積極的に立ち寄るほうだが、近くて行きやすい地元の神社を見逃していた。前述した、世田谷城阯公園と同じパターンである。

「この前、娘の七五三で松陰神社に行ったんですよ」

と、保育園のママ友が話していたのも思い出した。それもある意味、クチコミの一種といえるだろうか。地元ならではの。

というわけで、行ってみたのだ。役所からは歩いて五分もかからない近距離にあった。そして、これがついでで訪問するにはもったいないほど、観光のし甲斐《がい》のあると

▼松下村塾（模造）。萩で見た本物の記憶を思い出しながら見学した

ころだったのだ。

松陰神社の「松陰」とは、かの有名な吉田松陰から来ている。薄々分かってはいたのだが、行ってみていまさらながら理解した。そこは幕末の偉人を祀《まつ》った神社だったのだ。

鳥居をくぐって進んでいくと、立派な社殿が佇んでいた。創建にあたって尽力した人物の名として、伊藤博文や山県有朋といった錚々《そうそう》たる顔ぶれが並んでいる。境内奥には吉田松陰の墓地もあって、植木が丁寧に手入れされていた。

吉田松陰といえば、長州藩の私塾「松下村塾」で後の明治維新を担う若者たちを指導した人物として知られる。境内にはその松下村塾を再現したレプリカの家屋が建てられ、見学できるようにもなっていた。

そして、それを見て、自分の中でビビビッと記憶がフラッシュバックした。すっかり忘れていたのだが、だいぶ前に山口県の萩を旅したときに、本物の松下村塾を見学していたのだ。その後、世界遺産にも登録されたという話を聞いていた。

わざわざ山口県まで行かずとも、こんなに近くにゆかりの施設があったのだと知って愕然とした。やはり灯台もと暗し、なのである。

自分が住む街の歴史を探る

なんだか無知をさらけ出すようで恥ずかしい。でも、事実をありのまま書いている。我ながら、自分が住む街のことをあまりにも知らなすぎるのだ。

海外旅行中に、現地の人に日本について質問されることがある。すると、意外と答えられなかったりして自己嫌悪に陥るのだが、あの感じにも似ている。

旅をしていると、好奇心が増してくる。知りたい欲求に駆られてくる。かくなるうえは……と意を決し、神社を後にしたその足で、もう一箇所近くのスポットを訪れることにした。こちらは役所からは少し距離があって、十五分ぐらいは歩いた。

向かった先は世田谷代官屋敷と、そこに隣接する世田谷区立郷土資料館だ。前者は江戸時代の代官屋敷で国の重要文化財にも指定されている。後者は、その名の通り地域の歴史や風土を紹介する博物館だ。

世田谷はいまでこそ住宅が立ち並び、都内有数の人口密集地域だが、昔は農地が広がっていた。換金性の高い野菜などの作物を育て、江戸に出荷していたという。確かにいまでも住宅街のあちらこちらに畑が点在している。うちの近くには野菜の無人販売所なんかもあって、東京とはいえ結構田舎なんだよなぁということは日々思っていたことだ。

ローカルな資料館だけに、地元民だからこそ「へえ」と驚かされることも多い。

たとえば江戸時代には村ごとに領地が分かれていて、現在の自宅がある地域は天領、すなわち幕府の直轄地だったのだとか。

大戦時に空襲の被害に遭った場所が区の地図上に細かく示されていて、それを見る

▼地元の歴史や文化を改めて学んでみるのも有意義なのだ

と、うちから通りを挟んで逆側の一帯が赤く塗られていた。間一髪、難を逃れたのだと分かり複雑な気持ちになったりもした。

こうして、役所から始まった半日旅は実りの大きなものとなった。見慣れた風景の地元だというのに、気分はすっかり観光客である。

超ご近所とはいえ、改めて見識を深めてみるのも有意義だと思う。そのためにも、ご近所半日旅はもってこいなのである。

第三章

〝ややご近所〟に遠征する

童心に返ったつもりでプチ冒険を

旅というのはハマる要素が強い。イマドキの言葉で喩えるなら「沼」である。それも、底なしと言っていい。

「こんなに楽しいことがあったのか！」

と、のめり込み、気がついたら旅のことばかり考えるようになっている。

その内容も、旅を繰り返すうちにどんどんエスカレートしていく。より遠くへ、よりディープな場所へと、難易度が上がっていく。

このことは、ご近所半日旅でも変わらない。

本書では「超ご近所」「ややご近所」と、段階を二つに分けているが、この章では「ややご近所」についての話をまとめていく。自宅から電車やバスなどの公共交通手段で行く半日旅だ。距離的に「超ご近所」よりも遠いし、ある意味、発展形と理解していただいて構わない。

子どもの頃、自転車に乗って隣町などへ遠征したことがある。いつもの公園で遊ぶのにも飽きてきて、友だちと一緒に勢いまかせでペダルを漕いだ。同じような経験をした人は少なくないはずだ。

いまにして思えば、そこまで遠くへは行っていないのだが、子どもにとってはプチ冒険である。見知らぬ風景に身を置くのが快感だったが、家に帰れなかったらどうしようという不安な気持ちも芽生えたのを覚えている。

「ややご近所」への旅は、ある意味あの遠征行為に似ている。というより、あの頃抱いていた冒険心を思い出しながら実行すると、より楽しめる気がするのだ。

童心に帰ったつもりで、自分の中のアンテナを広げよう。好奇心に駆られ、気ままに出発するべし、だ。さながら、大人のプチ冒険である。

ご近所だからこそ積み重ねが大事

東京の世田谷区に、浄真寺《じょうしんじ》というお寺がある。九品の阿弥陀如来像が安置されていることから「九品仏《くほんぶつ》」と呼ばれ、それが地域の名称にもなっている。最寄駅は東急大井町線の九品仏駅。住所は奥沢で、自由が丘のすぐ近くだ。

再び筆者の事例になるが、その浄真寺へ足を延ばしたときのこと。同じ区内ながら、自宅から徒歩や自転車で行くには遠すぎるため、電車に乗って訪れた。まさに「ややご近所」への半日旅である。

ちょうど紅葉シーズンだったこともあり、浄真寺は多くの見物客で賑わっていた。地元では結構有名な観光スポットだが、行くのは初めてだ。広々とした境内に立派なお堂が複数立ち並び、天然記念物の巨木がにょきにょきと生えている。

お堂の内部にはこの寺の名物である九品の仏像が鎮座するが、それらがなんというか想像していたのとは全然違った。いい意味で。

ピカピカの大仏様なのだ。黄金色に光り輝いている。

日本で大仏というとブロンズ製などの落ち着いた色合いのものが多いから、正直言って意外に感じられた。タイやミャンマーなど東南アジアの仏教国のお寺で見られる仏像のようなキンピカ具合なのだ。

おまけに頭部が青色なのにも驚いた。ゴールド&ブルーなのだ。なんとも個性的な見た目なのだが、だからこそありがたみは大きく、御利益がありそうに思えてきたのだった。浄真寺へ行ってみようと思ったきっかけは、前章で紹介した役所の観光情報コーナーだった。置かれていた観光パンフレットを見ているうちに、このお寺がかつての奥沢城跡だと分かり、興味を覚えたのだ。

世田谷区内の城跡としては、世田谷城阯にも半日旅で行ってみたと、これまた前章で書いたが、そのときに興味深い言い伝えを知った。その名も「サギソウ伝説」。地域では古くから語り継がれているという。

世田谷城主だった吉良《きら》氏の側室・常盤《ときわ》姫にまつわる悲しいエピソードだ。ざっくり要約すると、寵愛を集める常盤姫を妬《ねた》んだほかの側室が殿様に告げ口をしたことで、姫は無実の罪で遠ざけられ自害したというもの。その際に、彼女は白鷺《しらさぎ》の足に遺書を結び、父がいる奥沢城へと解き放った。つまりは、奥沢城はサギソウ伝説に出てくる常盤姫が生まれ育ったお城というわけだ。

旅先ではさまざまなことを見聞きするが、それらを踏まえたうえで次の旅に臨むと、より大きな成果が得られたりもする。積み重ねが大事なのだ。

この、旅を別の旅に関連づけていくようなやり方はオススメで、ご近所半日旅ならばそれもしやすいと思う。「超ご近所」から少しずつ範囲を広げていき、必要に応じて「ややご近所」へ足を延ばすといい。

▼ 浄真寺はタイなどアジアの旅が好きな人にはとくにオススメ

区境を越えてさらなる旅気分に

世田谷区は結構広くて、二十三区の中でも大田区に次いで二番目の面積の広さを誇る。見どころが広範囲に及ぶため、区内だけでも結構満足のいくご近所半日旅ができるわけだが、当然ながら区から出てみるのもアリだ。

普段、東京で暮らしていると、区と区の境目を気にすることはあまりない。道路上に線が引かれているわけでもないし、積極的に調べない限りはそもそもどこから区が変わるかすら分からなかったりする。

ご近所半日旅をするようになって以来、この「区境」というものを意識するようになった。「ややご近所」の半日旅では、しばしば隣の区へも足を延ばす。区が変わっただけでも、「遠くへ来たなあ」という実感に浸れるものだ。

たとえば、世田谷区の南端は多摩川に面しているが、川沿いの土手などにサイクリングロードがずっと続いている。ジョギングしている人を横目に、自転車をキコキコ漕ぎながらこれを南下していくと、大田区に入る。ささやかな遠征気分を味わうのにうってつけのコースだ。

区が変わった途端に、道が未舗装のガタガタ道に変わったりして興味深い。世田谷区側のほうが走りやすいのだ。

やがて、多摩川を横断する鉄道橋が見えてくる。東急電鉄の線路なのだが、その手前に大きな公園がある。多摩川台公園である。

　この公園もまた訪問する価値があると感じた。ぱっと見は単なる公園なのだが、よく観察してみると、ところどころ大地が小高く盛り上がっている。何かというと古墳である。この公園はそう、都内有数の古墳スポットなのだ。

　園内には八基からなる古墳時代後期の古墳群のほか、亀甲山《かめのこやま》古墳と宝莱山《ほうらいさん》古墳といった大型の前方後円墳が残る。出土品のレプリカを展示する古墳展示室が設けられており、実物大で復元した横穴式石室なども見学できる。

　周囲は田園調布のいわゆる高級住宅街だ

▼こんもりとしている部分が古墳。それと知らないと気がつかないかも

から、「こんなところに史跡があったとは！」と素直に驚いた。知る人ぞ知る観光名所と言っていいだろう。

古墳マニアには有名なのかもしれないが、実は多摩川流域のこのあたりには数多くの古墳が見つかっているという。大田区だけでなく、地元・世田谷区内にも野毛《のげ》大塚《おおつか》古墳という大規模な古墳があると分かり、ついでに訪れてみたらこちらもなかなか絵になるスポットだった。

五世紀前半に作られた、高さ十メートルの帆立貝形の前方後円墳だ。墳丘の形がくっきりとしているお陰で、見た目はより古墳らしさが感じられる。同じく公園内にあって、付近には幼児向けの遊具が置かれている。

古墳自体も築山のような存在なのか、子どもたちの格好の遊び場になっていたのが印象的だ。身近なところにも意外とおもしろい場所があるのだなぁと、改めてしみじみ実感したのだった。

多摩川で海外旅行を疑似体験する

多摩川台公園は高台に位置しており、見晴らしも素晴らしい。眼下には多摩川が滔々《とうとう》と流れ、対岸には武蔵小杉のタワーマンション群が望める。川を挟んで向こう側はもう東京都ではなく、神奈川県の川崎市である。

うちからだと川崎市は結構近いので、しばしば遊びに行く。川崎といっても広いが、個人的に馴染みなのは世田谷区に近いエリアだ。とくにお気に入りは生田《いくた》緑地や東高根《ひがしたかね》森林公園といった緑あふれるスポット。県境を越えるとはいえ、「ややご近所」の半日旅にはちょうどいい距離といえる。

世田谷と川崎のように河川が境界線になっているケースは、とりわけ情緒が感じられる。想像力を膨らませる余地がある、とでもいうべきか。

島国の日本にいると分かりにくいが、海外を旅すると国境を意識する機会が増える。川の対岸は別の国というケースも多い。

たとえば印象深いのはラオスの首都・ビエンチャンへ行ったときのこと。街が国境沿いに位置しており、川原へ出ると対岸には隣国タイの寺院が目視できるほどの近さで望める。わずかに川をひとつ隔てただけで、まったく別の国というのは不思議議で、旅人が感慨に浸るにはお誂《あつら》え向きなのだ。

そのビエンチャンの旅では、タイから国境を越えて入国していた。陸路での国境越えは大きな達成感が得られるものだ。イミグレーションでパスポートを見せて、スタンプを押してもらう瞬間はいつも緊張する。無事に移動できたらお金を両替するのもお約束である。

▼川の向こうは別の国……ではないけれど

国境と比べれば県境なんて地味な存在かもしれない。入国審査なんてないし、通貨も変わらない。けれど、捉え方次第だ。対岸は余所の土地と思えば、同種の旅情に浸ることだってできる。

思いきって県境を越えてみると、都道府県が変わるだけでも案外細かな違いが見つかったりする。単に移動するのではなく、徒歩や自転車などで自力で川を渡ったからこそ目ざとくなるのだともいえる。

ご近所半日旅で県境を越えてみる。すると、海外まで行かずとも、国境越えに似た体験ができるのだ。

普段と逆方向の電車に乗ってみる

旅を繰り返していると、芋づる式で次に行きたい場所が自然と出てくる。しかし、目的やテーマが定まらない場合もある。

もし行き先のアテがないのなら、あえて行き当たりばったりに旅してみるのも手だ。

旅は予定調和ではないほうが面白いのだから。

たとえば、普段とは逆方向の電車に乗ってみる、なんてのはいかがだろうか。

筆者の場合、いつもは乗るとしたら都心に向かう電車に乗る。会社勤めをしていた頃は毎日都心まで通っていたし、いまでも打ち合わせや取材など仕事の用事があって移動するとしたら基本的に上り列車に乗車する。人によりけりだが、都心近郊の住宅地に住む者ならやはり同じような行動パターンが多いだろう。

これを逆方向に乗ってみるわけだ。いつもは線路を挟んで眺めるだけだった下り列車が来るホームに立つと、それだけでも新鮮な気持ちになる。

あくまでも逆方向へ行くだけで、必ずしも都会から田舎へというわけではない。世田谷からなら、都心とは逆方向へ進むとまず川崎に入ることになる。東京とはいえ、世田谷のうちの近所には田畑が多く、野菜の無人販売所があるぐらいなので、むしろ川崎のほうが都会的な風景に感じられたりもする。

逆方向といっても、沿線であれば駅名ぐらいは知っている。けれど、駅名を知っているだけで降りたことがない駅が大半だ。どこで降りても未知の世界が楽しめる。ある意味、宝の山状態。選《よ》り取りみどりなのだ。

「さて、どこで降りようかな……」

と思案しつつ、地図アプリを立ち上げる。地形を確認しながら、気になった場所を見つけたら狙いを定める。ここでも、「超ご近所」の半日旅で紹介したのと同じやり方が通用する。移動距離こそ長くなったが、やることは変わらない。

どこで降りたらいいか選びきれないなら、いっそのこと終点まで乗ってみる、なんてのも痛快だ。距離的にご近所ではなくなってしまう可能性もあるが、前述したように「半日旅」かどうかの目安となるのは時間である。

「暇人?」などと突っ込まれる覚悟で書いている。我ながら酔狂だなぁと自嘲するが、旅なんてする者の心構え次第だったりするから、こういう馬鹿げた行動を面白がれるかどうかが案外重要ではないかとも思うのだ。

意外と便利な路線バス

「超ご近所」から「ややご近所」へと旅を発展させる。要するに、「行動範囲を広げよう」という提案と、そのためのヒントを本章では綴っている。

公共交通手段としては、電車のほかにバスという選択肢もある。地域によっては電車よりもバスのほうが使いやすいケースも想定される。

東京都内でも無論、路線バスが数多く運行している。日常的に利用している人もたくさんいるだろうが、実は筆者は滅多に乗ることはない。

いや、「乗ることがなかった」と過去形にしたほうがいいだろうか。

最寄駅まで徒歩で十分もかからない距離に自宅があるせいか、移動するとなるとどうしても電車が基本となる。駅前にバス停があって、バスも発着しているのだが、これまではまったく見向きもしなかった。

路線バスの利用価値を見直すきっかけになったのは、ご近所半日旅だった。

郊外から都心へ出るなど、それなりに移動距離が伴うのなら電車がベストだが、近隣エリアを細かく回る場合にはバスのほうが使い勝手がいい。電車が通っていない、ローカルな場所までバスの路線網はカバーしていたりする。

「あれっ、バスって案外便利だな」

乗ってみて、いまさらながらに気がついたのだ。

自宅近辺からいきなりバスに乗車するだけでなく、電車で何駅か移動した先からバスに乗り継ぐという使い方も実用的だ。駅から多少距離があって、歩いていくのは辛い場合などに、路線バスがあると非常に重宝する。

バスの路線網は電車以上に複雑で、初めての街だと乗りこなすのは大変そうに思えるが、スマホのお陰でいままではだいぶ簡単になった。

グーグルマップにはバスの路線網や時刻表のデータが登録されている。目的地への経

▼ほかの公共交通手段としては都電という選択肢も。地域住民の足だから、まさにご近所半日旅向けだ

お手数ですが
切手を
お貼りください

郵便はがき

150-8482

東京都渋谷区恵比寿4-4-9
えびす大黑ビル
ワニブックス 書籍編集部

お買い求めいただいた本のタイトル

本書をお買い上げいただきまして、誠にありがとうございます。
本アンケートにお答えいただけたら幸いです。
ご返信いただいた方の中から、
抽選で毎月5名様に図書カード(500円分)をプレゼントします。

ご住所 〒 TEL(　　-　　-　　)	
(ふりがな) お名前	
ご職業	年齢　　歳 性別　男・女
いただいたご感想を、新聞広告などに匿名で使用してもよろしいですか?　(はい・いいえ)	

※ご記入いただいた「個人情報」は、許可なく他の目的で使用することはありません
※いただいたご感想は、一部内容を改変させていただく可能性があります。

●この本をどこでお知りになりましたか?(複数回答可)

1. 書店で実物を見て　　2. 知人にすすめられて
3. テレビで観た(番組名:　　　　)
4. ラジオで聴いた(番組名:　　　　)
5. 新聞・雑誌の書評や記事(紙・誌名:　　　　)
6. インターネットで(具体的に:　　　　)
7. 新聞広告(　　　　新聞)　　8. その他(　　　　)

●購入された動機は何ですか?(複数回答可)

1. タイトルにひかれた　　2. テーマに興味をもった
3. 装丁・デザインにひかれた　　4. 広告や書評にひかれた
5. その他(　　　　)

●この本で特に良かったページはありますか?

[　　　　]

●最近気になる人や話題はありますか?

[　　　　]

●この本についてのご意見・ご感想をお書きください。

[　　　　]

以上となります。ご協力ありがとうございました。

路を検索すれば、どこのバス停から、何時に出る、何番のバスに乗ればいいかが瞬時に表示される。いやはや、楽ちんなのだ。

一方で、バスにも弱点はある。やはりネックなのは渋滞問題だろう。道路が混んでいると、時間を無駄にロスしてしまう。また、場所によってはバスの本数が極端に少なかったりする。

電車とバス、どちらも一長一短ある。状況に応じて使い分けたい。

シェアサイクルなら乗り捨て旅も

電車やバスにとって代わる、もう一つの移動手段として個人的に注目しているものがある。何かというと、シェアサイクルだ。

自転車を一時的に借りて移動する。レンタサイクルと似ているけれど、仕組みは全然違う。ほとんど別物と言っていいぐらいだ。

利用したことがない人でも、駅前などに同じカラーリングの自転車が並んでいる光景を見たことがないだろうか。サービスの種類はいくつかあって、エリアによる違いもあるが、とくにドコモやソフトバンクといった携帯電話事業者が提供するプラットフォームが近年存在感を強めている。

細かい利用方法はサービスによって異なるが、だいたいの流れは一緒だ。作業はすべてスマホのアプリで行う。自転車の置かれたステーションを検索し、空いている自転車を探して予約。乗るときは登録したクレジットカードで決済をしたうえで、アプリから開錠する。

筆者がよく利用するのはソフトバンク系の「ハローサイクリング」。東京都内なら

▼ ご近所半日旅では最強の移動手段だ。借りるときはアプリでバッテリー残量の確認もできる

ば料金は十五分ごとに七十円となっている。一時間なら二百八十円。高すぎず、安すぎず、妥当な金額ではないかと個人的には思う。

シェアサイクルはご近所半日旅をするのにかなり役に立つ。

たとえば、駅から歩くには遠い場所へ行く場合。前項ではバスが便利と書いたが、もしシェアサイクルがあるのならそのほうがさらに使い勝手に優れる。渋滞を気にしなくていいし、バスの発着時刻に行動が左右されないのもいい。

また、近隣の複数のスポットを順に巡っていくような旅も、シェアサイクル向きである。何度も電車やバスを乗り継がなくて済むからだ。自動車と違って、駐車場所に頭を悩ませる必要もない。

借りられる自転車が電動タイプのものであることもポイントだ。坂道もスイスイ上れるから、筆者のような体力のない人間にはありがたい。大抵はカゴが付いているので、カバンなどの荷物も入れられる。

そして何より便利なのが、乗り捨てできることだ。ステーションに空きさえあれば、自転車はどこに返してもいい。もちろん、空き状況もアプリで一目瞭然なので、返却場所も簡単に探せる。その際、返却予約もできる。

出発地点へは戻らずに、別の場所で自転車を返して最寄駅から電車に乗って帰路につく、などというパターンが現実的になる。上手く使いこなせば、より柔軟な行動計画が立てられるはずだ。

シェアサイクルといえば、進んでいるのが中国だ。ＱＲコード決済と並んで、一時期爆発的に普及したことが話題になった。かくいう筆者も、中国を旅するときはよく利用していた。上海や成都など、都市部なら最強の移動手段である。

「なんて便利なのだろう。日本にもあるといいのになぁ……」

と、羨望の眼差しを送っていたから、我が国でもようやく同種のサービスが広がりつつあることを、心から喜んでいるのだ。

街の変化を見つけにいこう

ご近所半日旅の行き先としては、普段あまり立ち寄らない街へあえて行ってみるのはオススメだ。それも初めて行くのではなく、しばらくご無沙汰していた街がいい。久々に訪れると、街の変化に敏感に反応でき、結構楽しめるのだ。

とくに東京都内は、近年開発が進んだことで風景が激変している。たとえば渋谷や下北沢などは駅前はまるで別の街のようで、思わず目を擦《こす》ってしまうほど。乗り換えなどで立ち寄ると、いまだにどちらへ行けばいいか分からず右往左往してしまう。

それほど大きな変化はないとしても、数年前とまったく同じということはまずない。よく通ったお店がなくなっていたり、代わりに新しいお店ができていたり。自分の記憶の中にある風景と照らし合わせながらの街歩きが面白い。

東京のような都市部であれば、ターミナル駅単位で街を散策すると色々とスムーズだと思う。ここでいうターミナル駅とは新宿や秋葉原、上野など比較的大きな駅のこと。

さらにいえば、普段はあまり縁のないターミナル駅へあえて行ってみると、発見が多い。誤解を恐れずに喩えるなら、違う文化圏へやって来たかのような手応えが得られる、とでもいうか。

筆者の場合、日常的によく利用するのが新宿駅なのだが、試しに池袋駅まで遠征してみたら、これがなかなか新鮮な気持ちになれた。同じ東京でも、新宿とは明らかに何かが違う。駅構内からしてまるで別世界で、滅多に来ないから迷子になりそうだったが、それもまた一興だ。

旅人の目線だから、些細な変化に気がつく。知っているはずの街で、知らない風景に出合ったらなんだか得した気分になれるのだ。

二十三区外でご近所自転車さんぽ旅

とはいえ、新宿や池袋ほど大きな街になると、人も多いし、行くだけで疲れるという人もいるだろう。ならば、ターミナル駅といっても、もう少し規模が小さいところを狙うのもアリだ。

都内でも二十三区外はいかがだろうか。たとえば、中央線沿線の街。吉祥寺や国分寺、八王子などは複数の路線が交わり、地域交通の拠点的存在といえる。

中でも最近、筆者が注目しているのは立川だ。中央線だけでなく、小田急線から登戸で乗り換えて南武線で行ける。個人的にアクセスがいいことが訪問し始めたきっかけだが、行ってみると適度に都会で居心地がいいと感じた。

とくに立川駅の北側は、再開発により劇的に進化している。道は綺麗に整備され、新しい商業施設が次々誕生している。都内屈指のグリーン・スポットである昭和記念公園があるのも魅力的だ。

一方で、駅から少し足を延ばすと、昔ながらのローカルな風情が楽しめるのもいい。前述したシェアサイクルを借りて、立川でのご近所半日旅を敢行してみたら、これが大変充実していた。かなりオススメなので、少し紹介したい。

自転車は立川駅の一つ隣、西国立駅で借りた。なぜかというと、まずはこの駅から近い「矢川緑地」を目指したからだ。

住宅街の中に、ひっそりと存在する自然の楽園である。東京都内では珍しい湿原の

▼根川緑道。水辺に緑がある空間というだけで癒される

風景が見られるのが特徴だ。水辺では野鳥たちが羽を休めていたりして、平和な光景に心が和んだ。

続いて向かったのが「根川《ねがわ》緑道」。小川に沿って遊歩道が整備されており、水辺の自然を楽しみながら散策できる。矢川緑地と似ているが、こちらの方がより人の手が入っている印象だ。鯉や亀といった生き物を観察しつつ、小川のせせらぎに癒される。

それから少し北上して「諏訪《すわ》神社」へ。その名から想像できる通り、長野県にあるあの諏《す》訪《わ》大社《たいしゃ》の分社の一つである。立川駅からそう離れていないのに、ずいぶん敷地が広い。鳥居をくぐり、随身門《ずいじんもん》を抜けた先に立派な社殿が建っていた。

寺社巡りはご近所半日旅の定番だ。地域の文化や歴史を知るきっかけになるし、お参りを済ませると晴れやかな気持ちになれる。

最後に訪れたのが「錦第二公園」。ここはもう立川駅のすぐそば。南口のほぼ線路沿いに位置する。一見すると、どこにでもありそうな小さな公園だが、実はほかにはないユニークな見どころがある。

何かというと、鬼の滑り台だ。真っ赤な鬼の顔が遊具になっていて、写真に撮ると

「映《ば》える」からと注目を集めている。実際に目にすると、予想していたのよりも大きくて、なかなか迫力があるという感想だ。子ども向けの滑り台だが、見たら泣いちゃう子もいそうなほど。

　誰もが知っているメジャーな観光地よりも、知る人ぞ知るスポットを巡るほうがご近所半日旅に向いている。立川を旅して、改めてそのことを実感したのだった。

▼これほどインパクトのある滑り台はなかなかないかも？

第四章　人のいない場所を求めて

「密」を避けて旅をする

旅のスタイルというのは、時代によっても違ってくる。

安心、安全な旅を実現するうえで、いまや最重要ともいえる課題が「いかにして密を避けるか」だろう。これは好む好まざるにかかわらず、もはや必須事項ともいえる。旅人としては、世の中の変化に柔軟に対応したいところだ。

では、密を避けるうえでいちばん有効な方法は何か――。

それは、やはり場所選びだ。なるべく空間が広くて、人が密集しにくいところを選んで訪問するようにする。屋外のほうがベターだが、外でも狭かったり、人が多かったりするところもあるからケースバイケースだ。

いかにも密になりそうな場所へは極力行かないように心がける。

「混んでそうだよなぁ……」

少なくとも、そんな風に予想できるスポットには近寄らない。

すると、自然と訪問先に傾向のようなものができてくる。人気観光地よりも、マイナースポットが主体となるはずだ。それらは、「穴場」と言い換えてもいい。

あるいは、タイミングをずらすという方法もある。混雑しそうな週末を避けて平日に旅するのは、密を避けるという意味では非常に効果的だ。人気観光地でも、平日に行けば空《す》いていてゆっくり見られたりもする。

ただし、この方法は人を選ぶ。一般的なサラリーマンなら、そうはいってても平日はなかなか休めないものだ。旅をするのなら基本的に週末になる。

やはり、時間よりも場所を工夫するほうが現実的だろう。人がいない場所、すなわち穴場を求めて旅をする――本章ではそのための方策について考えていく。

より田舎方面へ向かう

できる限り密を避けて旅をする。このことは、超ご近所であれ、ややご近所であれ変わらない。さらにいえば、ご近所半日旅に限らず、旅行全般に当てはまる。

しかし一方で、ご近所半日旅だからこそ、なおさら気に掛けたいポイントでもある。せっかく遠出することを自粛したのに、近所で高リスクの場所へ出かけるのは本末転倒だからだ。

筆者の場合、そもそもメジャースポットにはあまり惹かれない。実はこういうご時世になる遥か以前より、密を嫌って旅してきた節がある。

実際、これまでの拙著でも幾度となく書いている。

「人気スポットは避けるべし」

「人がいない場所を目指そう」

「いちばんいいのは空いているところ」

みたいなことをしつこいぐらい言い続けてきたのだ。それゆえ、自分でもいまさらという気もするのが正直なところで、「遂に自分の時代が来たな」などと、思い上がった台詞を吐いたりもしている。

それはまあ半分冗談なのだけれど、とにかくそういう趣向だから、休みの日にどこかへお出かけするとしても、基本的に都心とは逆方向へ出発するのが常だった。電車に乗るなら、上りではなく下り。都内でも多摩地区の方や、県境が近いので神奈川方面というのが定番だ。

新宿や渋谷のような街も自宅からそう遠くないが、用事がない限り決して足が向かない。休日はショッピングモールに暇つぶしに出かける、みたいな生活習慣とも無縁の人生を送ってきた。別に歳をとったせいでそうなったわけでもなく、行動パターンは二十代の頃からずっと変わらない。

いまにして思えば、これは密を避けるのにうってつけといえそうだ。すなわち、都会ではなく田舎を目指すという考え方である。田舎といっても、主に自然が豊かなところ。山や森や湖など。求めるのは刺激よりも癒しだ。

当たり前のことだけれど、田舎へ行けば行くほど人口密度は低くなる。都会のように人が多い場所は、それだけで疲れる。ならば、断然田舎がいい。

都会と田舎、楽しみ方はどう違う？

都会ではなく田舎を旅することで密を避けられる。では実際のところ、都会と田舎で旅の楽しみ方はどんな風に違ってくるのか。

これは、それぞれの利点や不利な点について考えてみると分かりやすい。

まず都会だが、言うまでもなく何かと快適である。大抵の場合、思い通りに事が運ぶのでストレスが少ない。食べたいものは食べられるし、欲しいものは手に入る。もちろん、お金を出せるなら、だが。

そして、なんといっても大きいのが、移動が楽ちんなことだ。電車の路線網は網の目のように細かく、運行本数も多い。行き当たりばったりの無計画な旅が成立するのは、都会ならではといえる。

一方で田舎の旅はどうかというと、基本的に不便だ。電車なんて一時間に一本しかないという駅も珍しくないし、そもそも電車では行けない場所も多い。そうなると必然的

▲ とある道の駅での一コマ。物価の安さもまた田舎の魅力だが

に移動はクルマに頼ることになる。

　不便なのを承知で田舎へ足が向くのは、都会にはないものを求めるからだろう。豊かな自然に惹かれるという話は前述したが、加えて言うとそこに暮らす人たちとの触れ合いもまた田舎の旅の醍醐味《だいごみ》だと思う。

　都会と比べて、人と人との距離が近いというか。知らない人とでも、目が合ったら挨拶ぐらいは交わすのが普通だ。「コミュ力《りょく》」が決して高いとはいえない自分でも、気がついたら初見の人と普通に会話していたりする。

　たとえば、道の駅で産直野菜を品定

めしているときのこと。

「いまの時期、オススメは何ですか?」

などと聞けば、大抵は懇切丁寧に教えてくれる。世話焼きの人なら、その野菜をどんな風に調理すればいいかまでレクチャーしてくれたりも。そういう瞬間に、ああ田舎ってなんだかいいいなぁ……と、しみじみさせられる。

ただし、現在はそんな優しげな旅のワンシーンさえも、失われかけている。新しい生活様式においては、無闇矢鱈《むやみやたら》と会話をしないのがセオリーとされるからだ。なんとも寂しい限りである。

とある地方都市へ行ったときのこと。駐車場に停まっているクルマに、次のようなメッセージが書かれたステッカーが貼られているのを目にした。

「県外ナンバーですが、在住者です」

噂には聞いていたが、実際にこの目にすると結構衝撃的だ。あえて詳述はしないが、余所者は歓迎されていないことは鈍感な自分でも理解できた。

地域の人々との触れ合いができないとなると、田舎の旅の魅力は正直半減してしまう。

ただ、そのことをさっ引いてもまだ田舎の旅には魅力があるのも確かだ。この際もう割り切って、誰にも会わない旅を追求するのがいいのかもしれない。

知る人ぞ知る「穴場」を見つける

密を避けて旅するためには、人が行かない「穴場」を狙うのがいい。それ自体はシンプルな提案なのだが、ここでひとつ大きな問題がある。

では、その「穴場」をどのようにして探せばいいのか――。

これが案外難しい。穴場というぐらいだから、簡単には見つからないのだ。逆に考えたら、誰もが発見できるようなスポットは穴場とはいわないだろう。

穴場を探すうえでは、アクセス方法はひとつの目安になる。

やはり不便なほうが訪問者は少ない。駐車場のないところや、あるとしても停められる台数が限られているような場所。それでいて最寄駅から遠かったりすると、遠方から足を運ぶのには抵抗があるものだ。

住宅街の中に紛れており、わかりづらい場所にあるようなスポットも理想的だ。そういうところは、ほとんど地元の人しか来なかったりする。

誤解してはいけないのは、あくまでも「穴場」であって、「秘境」ではないということ。秘境と表現すると、一気にハードルが上がる。行こうと思えば誰でも行ける場所だが、みんなが行こうとは思わないからそこは穴場となる。

仕事柄、旅行情報誌や旅関連のサイトなどをチェックすることがあるが、それらから穴場が見つかることは滅多にない。メディアに掲載されるということは、少なからず世間に注目されていることを意味する。

また近年、ＳＮＳ映えするという理由でそれまでマイナーだった場所が突如として脚光を浴びる、という現象が起きているが、そういうところも無論穴場とはいえない。旬のスポットであるわけだから、むしろ人がたくさん訪問して混雑していたりする。穴場とは真逆の存在なのだ。

穴場と出合うきっかけは、案外些細なことだったりする。意識的に情報収集するよりも、日常生活の中でアンテナを張っておくほうが効果的だと思う。

気になったら、行ってみる

具体例をひとつ紹介しよう。筆者は穴場をどうやって見つけているのか。

東京の世田谷区から横浜方面へクルマで移動するのに第三京浜という高速道路がある。横浜に親族が住んでいる関係で、個人的によく利用する道路なのだが、その道沿いの風景の中で、走っていていつも気になっていた場所があった。

世田谷から来ると、港北インターを過ぎたあたり。周囲は平地の住宅街なのに、そこだけこんもりと盛り上がった裏山のような場所がある。

「あれはいったいなんだろう……」

疑問に思って、ある日調べてみたのだ。

すると、なんと城跡なのだと判明した。その名も「小机城址《こづくえじょうし》」という。戦国以前の中世の城郭で、著名な合戦の舞台になったわけでもないから、正直初耳だったが、いちおう続日本百名城にも認定されているという。

そこまで分かったところで、ビビッとくるものがあった。この種の閃《ひらめ》きを大事にしている。そんなわけで、行ってみたのだが――。

――結論を述べると、かなり良かったのだ。紛れもなく穴場と言っていい。

深い竹林に覆われた隠れ自然スポットといった佇まい。適度に起伏もあるから、ちょっとした山歩き気分が味わえるし、史跡なので空堀や土塁といった城跡ならではの見どころも点在している。

なんといっても、結構広い空間の割には、人が極端に少ないのが素晴らしい。二時間ぐらい滞在して、見かけたのは二人だけだ

▼小机城址。竹林に覆い尽くされ、そこだけなんだか異世界のよう

った。

混雑したら嫌なので、あまり人には教えたくないと思えるほどなのだが、拙著の影響力なんてたかがしれてるだろうし、せっかく読んでくれた人のためにあえて一箇所紹介してみた。小机城址、めちゃくちゃオススメだ。

裏を攻めてオリジナルな旅に

人気観光地よりも、穴場を積極的に狙うようなスタイルで旅をしていると、旅の内容がどんどん個性的なものになってくる。定番スポットではないからこそ、行き先は人によりけりで、旅人各自の趣向が反映されやすい。有名観光地を手当たり次第巡るような旅とは違う、自分だけのオリジナルの旅程が出来上がる。

もちろん、どちらがいい悪いという話ではない。筆者の場合には、人と同じなのは嫌な性格なので、マイナースポットを発掘する日々に喜びを見出《みいだ》している。

先日、家族で公園にピクニックに行ったときのこと。我が家ではいつもそうだが、なるべく周囲にほかの人がいない場所を探してシートを敷いた。

ところが、お弁当を食べていると、ほかの家族連れがやってきて、我々のすぐ近く、話し声が聞こえるぐらいの近距離に陣取り始めたから閉口した。

公園はみんなのものだから、どこにシートを敷こうが自由だし、もちろんこちらも独占するつもりはまったくないのだが、ほかに空いているスペースがたくさんあるのに、あえて隣にやってくる感覚が理解できない。

実は、同じような経験は一度や二度ではないのだ。我が家ではよく公園でピクニッ

▼公園もやはり人口密度の低いところが理想的だ

クをするが、誰もいない「スペース」にシートを敷いていると、毎回決まって誰かが隣にやってくる。

きっと、価値観が違うのだろう。彼らからすれば、逆に人がいる場所のほうが落ち着くのだと思う。公園に限らず、たとえばガラガラに空いている電車内でも、なぜか近くに座ってくる人がいる。飲食店でもそうだ。

ソーシャルディスタンスがこれだけ声高に叫ばれている中で、わざわざ間隔を詰める行為は時代に逆行するが、ここで言いたいのはそういう話ではない。

何はともあれ、人がいない場所を目指そう、ということだ。誰かの真似をするのではなく、自分がやりたい旅を、自分なりのやり方で実現する。表通りではなく、裏道をゆくようなやり方のほうがいい。

人に会わない移動手段を選ぶ

密を避けて旅をするのなら、移動方法にも気をつけたい。人がいない場所を目指すのだから、その途中でもなるべく人に会わないほうがいいだろう。というより、目的地がどんなに空いているとしても、そこへ行く道中が密になりそうなら、避けた方が無難とまでいえる。

電車で行く場合、混雑しそうな時間帯や、便は極力避けるようにする。少し余分に時間がかかってでも、あえて各駅停車を選ぶほうが得策だ。

やってきた電車が予想外に混雑していたなら、乗るのをグッと我慢して、次の電車を待つのもアリだと思う。時間を犠牲にしてもリスクは減らしたい。

ちなみにこれは海外の地下鉄などでは当たり前の光景だったりもする。混んでいたら乗らないのが常識なのだ。どんなに混んでいようが無理矢理押し込むようにして乗る日本の通勤電車は、世界的に見るとずれている。

仕事なら仕方ないとしても、余暇を使った旅である。無理に先を急ぐ必要はないはずだから、心に余裕を持って臨みたい。

そもそも電車などの公共交通手段を避けるのも手だ。というより、可能ならばそのほうが絶対いい。

そうなると、理想的なのはクルマだろう。なんといってもパーソナルな空間を確保できるのが魅力だ。ソーシャルディスタンスなんて気にする必要がないし、マスクすら付ける必要もない。

そういえば、クルマの定期点検で行きつけのディーラーに立ち寄ったときのこと。

「お陰様で最近はお問い合わせが増えています」

と、顔馴染みの営業担当者がこっそり教えてくれた。安全性を求めて、自家用車の購入を検討する人が増えているようだ。

マイカーではなく、カーシェアリングを活用する方法もある。とくに都市部に住んでいて頻繁に乗らないのであれば、そのほうが合理的といえるかもしれない。アプリで予約して即時乗れるし、返すときに給油する必要もない。レンタカーよりも遥かに手軽である。もちろん、維持費も不要だ。

かくいう筆者もカーシェアリングをよく利用しているが、半日旅ではとくに使い勝手がいいと感じている。目的地の近くまで電車で移動して、最後のアクセスにワンポイントでクルマを借りるようなやり方も有効である。

行き先によっては、クルマではなく自転車でも十分だったりもする。ご近所半日旅ではメインの移動手段のひとつだ。自転車についても前章で紹介したように、シェアサイクルという新しい乗り物も身近な存在になりつつある。

どんな移動手段を選ぶにせよ、優先すべきは「いかに密を回避するか」である。それぞれ一長一短あるから、行き先や目的に応じて取捨選択したい。そのためには、あらかじめ移動の選択肢を複数用意するようにしておくとなおいいだろう。

▼ドライブ旅ならではの美景に出会えることも

混んでいたら、あきらめる

目的地に辿り着いたら、思いのほか人がたくさんいて——旅をしていると、そんなシチュエーションに出くわすこともあるだろう。なるべく空いていそうなところを狙うようにしていても、これればかりは実際に行ってみないと分からない。

——混雑していたらどうするか。

状況次第だが、基本的な方針としては「あきらめる」のが正解だと思う。密を避けるためのご近所半日旅なのだから、悔しいけれど仕方ない。

近くに別のスポットがあれば代替地にしてもいいし、何もないのならそのまま帰宅するのもやむを得ないだろう。いずれにせよ、さっさと気持ちを切り替えたほうがいい。

これが仮に遠方まで移動していたのなら、どうしても躊躇してしまう。せっかく遥々《はるばる》やって来たのにすぐ帰るのはもったいない。そういう意味では、ご近所半日旅だからこそ、比較的容易にあきらめがつくのだといえる。

注意したい点としては、本来ならば空いているはずの場所が異常に混んでいる、なんてパターンが増えていること。考えることはみんな同じらしい。密を避けようとして、密ではない場所に人が集まる。

たとえば、都内の大きな公園。具体的な名前は伏せるが、とくに天気のいい休日などは驚愕するほど混雑している。近所にあるから個人的に馴染み深く、かれこれ二十年近く通い続けているが、過去最高の人出という印象だ。花見の季節以外でこれほど人がいるのは初めて見た。

「クルマで行ったんだけど、帰りは駐車場を出るのに一時間もかかったよ」

近くに住む友人もそんな風にぼやいていたほどだ。

ただ、自分も小さな子どもがいるので気持ちはよく分かる。子どもたちをずっと家に閉じ込めておくわけにはいかない。かといって、行ける場所が限られるから、遊ばせるとなると公園ぐらいしか選択肢がないのだ。

ともあれ、我が家ではその公園には以前ほど足が向かなくなった。行くとしても、公園の中でもメインのエリアではなく、敷地の端のほう。遊具などはないものの、自然と戯れているだけでも子どもなりに創意工夫して楽しんでいる。

人によっては、気にしすぎだろうと思われるかもしれない。価値観は人それぞれだから、そう突っ込まれたら反論はできない。

しかし、気になるというのが偽らざる本音なのだ。一度気にし始めると、心から楽しめなくなる。ならば無理することもないだろうという結論に至った。

混んでいたら、あきらめる。安全は最優先である。

第五章　いまこそ行きたい一人旅

一人のほうがリスクが少ない

どこへ行くかや、何をするかは重要だが、旅をするうえではもうひとつ大きな問題がある。それは――誰と行くか。

旅は道連れというだけあって、一般的には同行者がいる旅のほうが王道だとは思う。友人と一緒だったり、カップル、家族旅行など、複数人で出かけるパターンである。みんなでワイワイ賑やかに旅するのが楽しいのは確かだ。

一方で同行者がいない旅、すなわち一人旅はどうか。これもまた侮れない。いやむしろ、最高と言ってもいいほどだ。何が最高なのかについて、本章でこれからじっくり綴っていきたい。

複数人の旅と一人旅では、旅の様相は大きく変わってくる。どちらがいい悪いではなく、それぞれに一長一短あるし、別物として捉えてもいいぐらいだ。

個人的には、これまでもことあるごとに一人旅をオススメしてきた。比較的最近も、

『泣かない一人旅』（ワニブックスPLUS新書）という一人旅に特化した本を書いたりしている。

世間的な注目度も確実に上がってきている実感がある。一人旅の特集記事もよく見るし、「おひとりさまプラン」を提供する旅館なども増えてきた。一人旅に対する偏見のようなものがだいぶ少なくなってきたのは間違いない。

さらには昨今のご時世的にも、一人旅の価値がさらに高まっている。密を避け、リスクを減らしながら旅するという視点から比較すると、同行者がいる旅よりも一人旅のほうがむしろ優位性があるからだ。

同行者がいないとなると、必然的に静かに旅する形になる。実際、ほとんど喋る必要がない。マスクをしたうえで、お店の人と最低限の事務的な会話をするぐらいなら、それほど問題はないだろう。

人との交流がないのは寂しいが、状況が状況だけに仕方がない。割り切って、安全第一で旅をする。そのためには一人旅は好都合なのだ。

一人旅のメリット、デメリット

一人旅にはどんな利点があるだろうか。これは前述した『泣かない一人旅』でも書いたのだが、ここで改めて整理してみたい。

・行きたいところに行ける
・やりたくないことは一切しなくていい
・予算を自分で設定できる
・人と話さなくていい
・料理の注文で冒険できる

以上、主だったものが五つ。筆者は協調性のないタイプだからか、正直どれも魅力的に思える。要するに、一人旅のほうが自分の好き勝手に行動できるのだと理解すればいい。誰かに合わせなければならないとなると、ストレスがたまる。究極の自由——それこそが一人旅の最大の魅力である。

対して、一人旅のデメリットはどうか。もちろん、いいことばかりではない。これもまた列挙してみよう。

・誰も案内してくれない
・すべて一人で手配しなければならない
・旅費が割高になる
・話し相手がいない
・料理やお酒のシェアができない

同じく五つ。メリットとして挙げたものが、捉え方によってはデメリットにもなっている。多くは実務的な内容だ。誰も手伝ってくれないから、すべての面倒ごとを自分で引き受けねばならない。得られる自由と引き換えに、そのぶん楽ができなくなるわけだ。

とはいえ、これらデメリットは一般的な一人旅に関するもので、「ご近所半日旅」には意外とあてはまらない気がする。一つずつ見てみよう。

自宅近辺なら土地勘はあるし、「誰も案内してくれない」としても困らない。思い立ったときにフラリと出かけるスタイルだから「手配」する必要すらない。長距離移動や宿泊がないなら、「旅費」なんて高がしれている。

「話し相手」がいないお陰で、むしろ喋らずに済むことは前項で書いた通りだ。「料理やお酒のシェア」自体がいまやＮＧである。

以上、すべて解決できてしまうのだ。逆にメリットに関しては一般的な旅に関するものがそのまま通用する。

ご近所半日旅ならば、一人旅がさらに有意義なものになるのだ。

旅の思い出は誰のもの？

一人旅と複数人での旅にはもう一つ、明確な違いがある。それは単純にメリットやデメリットという括《くく》りでは語れないものだ。

何かというと、旅の思い出である。

同行者がいる場合には、同じ思い出を他人と共有できる。旅先で得られた感動を誰かと分かち合えるのは幸せなことだ。

「あのとき見た夕日、綺麗だったよね」

「あのお店、ワインが美味しかったね」

たとえばそんな風に、旅が終わった後も、話に花を咲かせたりできる。一緒に撮った写真を見返すのが楽しい時間になる。

翻って、一人旅だとそういう相手はいない。旅先で美しい風景を見たり、絶品のご当地グルメを味わったりしても、自分の中だけで完結しなければならない。

とはいえ、考え方次第である。世界中で自分だけが体験したものなのだと捉えれば、むしろ価値が高まるのだともいえる。誰も知らないからこそ、自分だけのとっておきの思い出になるという発想だ。

少なくとも筆者は、思い出を共有できなくても寂しいとは思わない。というより、秘密にできることに快感を覚えるほどだ。

そもそも、感動したくて旅をしているわけではない。このことは『泣かない一人旅』でもたっぷり書いたのだが、一人旅の場合、基本的には何か目的があって、それらを達成するために足を運んでいる。ハッキリ言って個人的な理由がほとんどだ。趣味を追求したものだったりするから、誰かに自慢したいとも思わない。

旅の思い出を「共有できない」のではなく、「共有しない」のだ。せっかくの自分だけの体験なのだから、自分の記憶の中にとどめておくほうがいい。

SNSには投稿しない

旅の思い出を共有できる同行者がいないことを残念に思うのなら、SNSで情報発信する手もある。旅をしながら写真や動画をアップして、感想をつぶやいたりすれば、それを見てくれた友人たちが反応してくれる。一人旅の寂しさを紛らわすにはうってつけだが、あまり頼り過ぎるのも良くないというのが筆者の考えだ。

画面の向こうで「いいね！」をしてくれる人たちは、旅の当事者ではない。どんなに熱心に見てくれたとしても、一緒に旅して、同じ景色の中に身を置いた仲間と作る思い出には敵わないだろう。

それに、自分だけの思い出だからこそ価値があるのに、ＳＮＳに投稿したら本末転倒である。一人旅ならば、「共有しない」。そういう姿勢で臨むのなら、ＳＮＳとの向き合い方も慎重になる。封印するぐらいでもいい。

どうしても発信したいなら、匿名で別アカウントを設けて、不特定多数に向けて情報公開するようなやり方もある。誰も反応してくれないかもしれないが、アップするだけでも気が済むものだ。自分用の記録としても残る。

なんだか後ろ向きなことを言っている自覚はあるが、思っていることを正直に綴っている。ただまあ、これは筆者の考えに過ぎないので、賛同できない人は読み飛ばしていただいて構わない。

と、前置きした上でさらに続けると、ＳＮＳへの投稿は控えるべき、という考えが最近ますます強まっている。理由は、いまのこのご時世だ。外出自粛が求められている中、暢気《のんき》に出歩いて写真を投稿した人が叩かれたりしている。

覚悟を持って自己責任で旅をするのなら、いちいちSNSに報告なんてしないで、こっそり実行すればいいだろう。一人旅ならば、なおさらだ。

実際、そうしている人が増えているようで、「隠れトラベラー」なんて言葉まで生まれているそうだ。一人旅なんて結局は自己満足の趣味の世界にすぎないのだから、隠れるのもおかしな話なのだが……。

不用意に発信して誰かを傷つけたり、炎上してしまうのは得策ではない。SNSを使いこなすにはリテラシーが求められる。理性的に利用したいところだ。

一人なら柔軟に対応できる

思い立ったときにフラリと出発できるというご近所半日旅のメリットは、一人旅になるとさらに大きなものとなる。誰かと予定を合わせる必要はないし、旅行中もその場の思いつきで自由自在に行動できるからだ。

逆にいえば、ご近所半日旅では同行者がいることによる不都合もより目立ってしまう。時間が短いぶん、行ける場所が限られるわけで、みんなの意見をすり合わせるほど余裕がなかったりする。

旅というのは選択の連続だ。どこへ行って、何をするか――常に取捨選択を求められるのだが、それらすべてを自分の判断で決められるのはやはり気楽だ。

たとえば、ランチをどこで食べるか問題。同行者がいて、食べたいものが違った場合、ときには妥協も必要だ。一緒に旅しているのに別々の店で食べるのもおかしいから、結局はどちらかが譲る形になる。

旅にはトラブルもつきものである。途中で何か問題が生じたときなども、一人のほうが解決しやすいことが多い。いちいち誰かの同意を得る必要もなく、自分だけの判断でいいから迅速に、そして柔軟に対応できる。仮に失敗したとしても、自分が悪いのだとあきらめがつく。

状況の変化に応じて行動を変えられるから、行き当たりばったりでも全然大丈夫。というより、行き当たりばったりなのがいい、とさえいえる。

やたらと一人旅を礼讃しているが、もちろん、同行者がいる旅がダメと言いたいわけではない。かくいう筆者も一人旅だけでなく、家族連れでご近所半日旅を満喫しているほどだ。結局のところ、行き先や、目的次第である。一人旅向きのスポットなら一人がいいし、同行者がいたほうが楽しめそうなら誰かと行くのもアリだろう。

とことん趣味を追求する旅に

では、具体的にどんなところが一人旅向けなのか。

誰にも気兼ねせずに、行きたいところへ行って、やりたいことができるのが一人旅の利点だ。この際、とことんわがままな旅をしてみるのがいいだろう。

とくに分かりやすいのは、趣味を追求するような旅だ。

たとえば本書でもちらほら書いているが、筆者は戦国時代が好きで、各地で城跡を巡るような旅はお約束のひとつといえる。以前は遠征することも多かったが、改めて調べてみると首都圏近郊にも見応えのある城跡が結構存在することに気がついた。ご近所半日旅のテーマにうってつけなのだ。

あるいは、アニメの聖地巡礼なども我が旅では定番である。作中で描かれるのは観光地というよりも、何気ない日常の風景のワンシーンだったりするから、なおさらご近所半日旅向けと言っていい。

なんだか偏っているというか、興味のない人にはまったくピンとこない話かもしれないが、趣味なんて所詮そんなものだろう。

いい機会なので、普段はノータッチなジャンルに手を出してみるのもおもしろい。例をひとつ挙げると、博物館や美術館に足を運ぶのはオススメだ。少しでも気になる企画展があれば、足を運んでみて損はない。知見が広がるし、新しい趣味を開拓するきっかけにもなる。

東京のお台場にある「ガンダムベース東京」へ行ったときのこと。ご存じだろうか。買って作って見て学べる公式ガンプラ総合施設だ。屋外に実物大のユニコーンガンダム立像が立っているダイバーシティ東京 プラザというモールの中にあって、ガンプラファンの聖地として知られる。

『機動戦士ガンダム』は好きだが、それほどコアなファンというわけでもない。そのときは冷やかし半分で訪れたのだが、行ってみてガンプラの奥深い世界を知り衝撃を受けた。種類は膨大だし、クオリティがハンパない。プラモなんて中学以来ご無沙汰していたから、これほど進化しているとは、と驚いた。

そのとき、お土産にキットをひとつ買って帰ったのだが、これが「沼」の入口だった。ちょうど巣ごもり期間に重なったこともあり、その後すっかりハマってしまった。ご近所半日旅のお陰で新しい趣味ができたというわけだ。

誰とも喋らず、静かに自分の世界に浸りながらの旅。一人だとそんなスタイルになるからこそ、趣味を追求するような旅が似合う気がする。

▼趣味を追求して旅をしたり、旅をきっかけにして趣味を見つけたり
©創通・サンライズ

第六章　ご近所半日旅の心得七箇条

この章では、ご近所半日旅の「心得」を紹介する。

全部で七つ。

ここまでに書いた内容と重複する部分も若干あるが、おさらいとして、あるいは「まとめ」として読んで頂けたら幸いだ。

心得などというと大仰な感じもするが、要するにこういう点に気をつけたり、工夫すればより旅が楽しくなるよ、という話である。人によって意外な内容もあれば、当たり前といえそうなものもあるかもしれない。

旅には絶対的な正解はないから、あくまでも筆者の個人的な考え、事例にすぎないということも念のため断っておく。

心得一：お金をかけて楽しもう

旅をするうえで必要なものは何か？

そう問われれば、真っ先に思い浮かぶのは「お金」という人は多いだろう。交通費や宿泊費、食費など、旅には色々とお金がかかる。先立つものがないと、どこにも行けない——そう考えるのは自然だ。

しかし、それはあくまでも普通の旅の場合。ご近所半日旅になると、状況は変わってくる。

自宅から徒歩や自転車で行ける距離なら交通費は不要だ。電車やバスを利用したとしても、近距離なら小銭程度で済む。日帰りなので、もちろん宿泊費もかからない。外食すれば食費は生じるものの、食べる回数は限られるし、ランチやお茶をするぐらいなら費用なんて高がしれている。

要するに、低予算でも楽しめるのだ。お金をかけずに実現可能な手軽さもまた、ご近所半日旅の魅力と言っていい。

ただし、これはそういう前提を踏まえたうえであえて提案するのだが、ご近所半日旅であってもそれなりにお金をかけてもいいのではないかと筆者は考えている。いや、ご近所半日旅だからこそ、と言い換えてもいいかもしれない。

旅というのは娯楽であり、消費活動である。だから、節約するという発想はそもそもナンセンスではないかと思うのだ。むしろ、積極的に投資すべきであり、場合によっては多少無駄遣いするぐらいでもいい。

たとえば、出かけた先で気になったレストランがあったとする。見るからに高級店といった雰囲気でも、躊躇《ためら》わずに入ってみる。こういう出合いは極めて大事だ。旅先で閃いた自分の直感には素直に従うべきである。

旅は非日常だが、ご近所半日旅では日常生活に近い場所が舞台となる。それゆえ、オンとオフを意図的に区別するような行動を心がけると満足度は高まる。普段は入らないような店で食事するのは効果的なのだ。

別に豪遊しようと言っているわけではない。たまには少しぐらい贅沢したって罰は当たらないだろうという程度のことだ。ケチケチしたせいで楽しめないのなら、旅なんてしないほうがいい。

心得二：時計を持たないほうがいい

お金のほかに、旅をするうえで必要なものとしては「時間」も挙げられるだろう。忙しい日々の中で、いかに空き時間を見つけられるかは旅好きにとって大きな課題と言っていい。

この点については、ご近所半日旅なら断然有利であると本書で述べてきた。近場だから移動に時間が取られないし、スキマ時間に思い立ってフラリと行ける。お金がかからないのと同様、時間的なハードルもそれほど高くないのがご近所半日旅の利点である。

とはいえ、時間との向き合い方には注意もいる。

最もやってはいけないのは、無茶なスケジュールを組むことだ。時間が限られるからと、ぎりぎりいっぱいまで予定を入れるのは避けたい。あれもこれもとよくばって分刻みの行動になると疲れてしまう。

筆者は短期旅行が割と得意で、これまでも「週末海外」だったり、「十日間で世界一周」などを力強く推進してきた。世間的に「弾丸旅行」と呼ばれるような内容だから、ときには忙《せわ》しない旅になったが、苦ではなかった。無茶な行程でも、行けないよりはマシという発想が根底にあったからだ。

翻ってご近所半日旅となると、話が変わってくる。同じ短期旅行でも、海外まで行くのとはわけが違う。ずっと簡単に実現可能なのだから、無理してハードスケジュールを組む必要はない。体力勝負なんてもってのほかだ。

ご近所半日旅では、忙しい日常の中で癒しを求めて旅をするようなケースも多い。だとすると、なおさら気持ちに余裕を持ちたいし、リラックスできるような内容の旅がベストだ。

そういう意味では、時間に縛られずに旅をできたら最高だとも思う。予定を決めずに、行きたいときに行きたい場所へ行く。自由を謳歌《おうか》するのだ。

子どもの頃を思い出してほしい。外で友だちと遊んでいるときに、時計なんていちいち気にしていなかったはずだ。日が暮れてきたり、お腹が減ってきたのを機に帰宅の途に就いた。町内放送が流れる街なら、それを合図としていたという人もいるだろう。いまにして振り返ると、なんて理想的な過ごし方だったのかと遠い目になる。

大人になったいまはさすがに同じことはできないが、たとえば時計を持たないというのは一つの手だ。ささやかな抵抗である。いちおうスマホで時間は確認できるが、それもなるべく見ないようにする。

実は筆者も腕時計はしない主義である。昔アフリカへ初めて行ったときに、物盗りに狙われるからと脅され、ビビッて外したのがきっかけだ。腕を切断して盗っていく輩《やから》がいる、などという噂がまことしやかに囁かれていた。

それ以来、二十年近く腕時計をしていないが、困ったことはない。ガジェット好きだが、スマートウォッチなどもまったく買う気になれないぐらいだ。

時計を持たずに旅をすると、見える風景が少なからず変わってくる。時間の束縛から逃れることで、ご近所であっても「非日常」がより味わえるようになる。

心得三：荷物は最低限で。手ぶらもアリ

時計の話が出たついでに、ほかの持ち物についても考えてみたい。ご近所半日旅ならではの荷物としては、どんなものがあるか。

などと期待させるような前ふりをしたが、実は正直なところ、何も思い浮かばない。

絶対必要なのは、スマホと財布ぐらいだろうか。近頃は電子決済だけで済むことも多いから、もしかしたら財布もなくてもいいかもしれない。スマホを多用するならモバイルバッテリーは必須。あとはハンカチやティッシュ、それに予備のマスクなども持ったほうがいいか。

こうして改めて列挙してみると、普段の生活に必要な荷物と大差ないことがわかる。旅に行くとなると、普通は大きなカバンに着替えやらなんやら詰めるものだが、そういうことを一切しなくていいのはご近所半日旅の利点である。

思い立ったときに、ブラリと行ってみるスタイルだから、なるべく身軽なほうがいい。というより、身軽でないとその魅力は半減だ。できるだけ無駄なものは持っていかないのが得策といえる。

いっそのこと、手ぶらで出発してみるのはどうだろうか。

スマホや予備のマスクといった最低限の荷物ならば案外ポケットの中に収まってしまう。日々の通勤などで常にカバンを持ち歩いていると、それがなくなるだけでも不思議と解放感が得られるものだ。

とはいえ、現実問題として手ぶらは無理という人もいるだろう。そうなると、カバン持参という形になるが、ここで一つご提案。

ご近所半日旅専用のカバンを用意するのはオススメだ。毎回使うようなものはそれに入れっぱなしにしておくと、身支度に余計な時間を取られずに済む。

荷物が少ないほうが、やはりすぐに家を出発できる。その時短効果は侮れない。外出先で身軽でいられること以上に、これは大きなメリットだ。

また、いつも同じカバンを使うようにすることで気持ちを切り替えるきっかけになる。旅行のときだけ使うカバンは特別感があるからだ。

「よし、今日はご近所半日旅だぞ」

と、それを持つだけで旅モードに突入できる。単なる気分の問題ではあるのだが、気分は大事だ。

カバンの種類に関しては各自の好みで選べばいいだろう。機能性やデザインに加えて、持ち歩くことで気持ちが高まるような、お気に入りの専用カバンを見つけられると、旅が一層晴れやかなものになる。

心得四：疲れることは基本的にしない

予定を詰め込みすぎずに、のんびりと楽しむのが極意であると前述した。

これはそのことを補足する内容になるが、無闇に体力を消耗するような行動は控えたほうがいい。体調管理が何よりも重要な時代である。旅したせいで具合が悪くなったら元も子もない。

少なくとも筆者の場合は、疲れることはしない主義だ。それは怠惰なだけだろう、と言われたら反論できないが、選択肢が複数あるなら楽なほうを選ぶ。

例として、山道で分岐点に差し掛かったとする――実際に結構よくあるシチュエーションだ。右の道をゆくと短時間で着くが、勾配《こうばい》がかなり急。対して左の道だとゆるやかな坂道だが、遠回りになるので時間がかかる。そんなケースでは、どちらを選択するだろうか？

筆者は断然後者だ。どうせゴールは同じである。ならば無理して急ぐよりも、ゆっくり景色を堪能しながらマイペースで歩きたい。時間は有限だが、体力にも天井がある。旅はスポーツではないから、全力を尽くす意味はない。

ご近所半日旅に臨むにあたっては、この方針に則《のっと》って行動するようにしている。すなわち、疲れないためにはどんな旅をすればいいか、という考え方だ。

たとえば、観光地などでは所要時間の目安が書かれていたりするが、自分の場合はその倍ぐらい時間がかかることも珍しくない。スローペースで見学することに加えて、休憩も多いからだ。

疲れたら休むのは当然として、大して疲れていなくても積極的に休む。風景のよいベンチが空いていたり、素敵なカフェを見つけたりしたら、一息ついてみる。すると、案外新しい発見が得られたりもする。休んでいる時間もまた旅の愛おしいワンシーンであり、省略してはいけないものだと思うのだ。

ほかに、疲れないためには靴選びも超重要である。

旅行中は歩く機会がグッと増える。ご近所半日旅ならそもそも徒歩だけということもあるし、訪れるスポットも散歩向きのところが多い。

だから、とにかく少しでも歩きやすい靴を履くべきだ。女性ならヒールのある靴や、夏場でもサンダルは御法度。単純だが、靴を変えるだけで効果は大きい。

疲れることは基本的にしない――基本的にと書いたのは例外もあるからだ。それは、そもそも運動すること自体が目的の場合である。

家にいる時間が増えたせいで、以前よりも運動不足になったという人はいるだろう。その解消を目的としてご近所半日旅を始めるのなら、あえて疲れることをするのも手ではある。マラソンがてらお出かけしてみたり、スポーツ公園のような場所を訪問するなど、選択肢は色々とある。

ただし、そこまで意識して行動せずとも、たとえのんびりでも旅するだけで結構いい体の運動になったりする。そのつもりはなくても、楽しくて気がついたらかなりの長距離を歩いていた、なんてパターンはしょっちゅうである。

結果的に副産物として体を動かすことになるから、運動って面倒だよなぁ、などと考える人――筆者もそうだ――にはかえってオススメなのだ。

心得五：旅と「移動」は分けて考える

旅というのは基本的に移動が伴う。それゆえ、つい移動＝旅と思い込みがちなのだがそれも短絡的だ。移動そのものはあくまでも手段であって目的ではない。旅と移動は分けて考えたほうがいいと思う。

飛行機や新幹線に乗って遠くへ行くのが好き、という人がたまにいる。かくいう筆者も別に嫌いではないが、この場合はどちらかといえば「乗り物が好き」というニュアンスに近い。移動＝旅ではないから、乗り物好きがそのまま旅好きかというと、ちょっと違うような気もするのだ。

もちろん、旅好きには乗り物好きが多いことは理解している。移動している瞬間、たとえば車窓の風景を眺めていて旅情を感じることはあるし、移動が旅のワンシーンであること自体は否定しない。

しかし、かといって移動そのものを旅の目的とすることには違和感を覚えるのだ。乗り物は旅先まで辿り着くための足である。必要に迫られて移動しているわけで、移動したいから移動しているわけではない。

なぜこんな話をしているのかというと、ご近所半日旅をしているうちに、そのことを改めて強く実感したからだ。旅の満足度は移動距離には左右されない。無用な移動は控えるべきというのが世の中の風潮ならば、素直に従えばいいだろう。移動せずとも旅はできるし、近場にもおもしろいものはたくさんある。

ご近所半日旅では、徒歩や自転車で行動する機会が増える。これもまた移動とみなすこともできるが、自分の意志で進む方向などを決められる点は、電車や飛行機との大きな違いだろう。

初めての街では、スマホで地図を見ながら目的地を目指したりする。それゆえ、どうしても道の構造を意識しがちだ。

「次の十字路を左に曲がって、二つ目の路地を右に……」

みたいな感じで。土地勘がないから仕方ないとはいえ、こういうやり方をしていると確かに単なる移動のようになってしまう。仕事で待ち合わせ場所へ行くときなどはそれが最良だが、プライベートの旅である。

できれば地図を見るのは最低限にとどめたほうがいい、というのが筆者の考えだ。行き方を覚える際には、道の構造よりも、風景で判別する。上から俯瞰《ふかん》で平面を見るのではなく、もっと立体的に空間を把握するというか。

「次のコンビニを左に曲がって、美容院の横の路地を右に……」

たとえばそんな風に理解する。スマホの画面ではなく、目の前のリアルな風景に向き合おう。すると、移動ではなく旅に変わってくる。

心得六：スマホを上手く活用せよ

前項で書いた内容と矛盾しそうだが、スマホを使わないほうがいいのかというとそれは違う。筆者自身はネットやデジタルガジェットなどが大好きで、むしろ肯定派だ。旅の際にも、もはやないと困るレベルで依存している。

要は、使い方次第なのだ。

繰り返しになるが、街歩きをしているときに、地図ばかり見るのはオススメできない。意識して道の構造を把握しようとすると、旅ではなく移動になってしまうからだ。もちろん、「歩きスマホ」が危険という理由もある。

そもそも、なぜ地図を見るのか。知らない街だから、あるいは目的地まで最短ルートで辿り着きたいからなど、色々と理由は思い浮かぶが、突き詰めればその目的はきっと一つだろう。それはずばり、「迷子」にならないため。

しかし、ここで考え方を変えてみるのだ。「迷子」になって何がいけないのか。別に「迷子」になったっていいのではないか。

偶発的な要素をいかに楽しむかが旅の極意である。地図が示す通りの道を行くだけの旅は退屈だ。その場の気分で進むべき道を選ぶ。あえて「迷子」になってみるのも一興だと思う。

筆者もグーグルマップを日々利用しているが、仕事や日常生活で使うときと、旅の中で活用するときでは目的が違う。後者の場合には、具体的には探し物を見つけるための、とっかかりとして活用している。

「ちょっと甘いものが食べたいな」

たとえば、街歩きの最中、そんな衝動に駆られたときに地図を起動する。近くに美味しそうな店がないか探すためだ。最近は「たい焼き」「クレープ」など、具体的な名前を入れて検索することも増えた。

ちなみにネットで調べ物をする際は、ブラウザは基本的に使わない。地図アプリ内でほぼすべて検索可能だし、旅行中はそのほうが利便性は高い。

地図以外には、「グーグルレンズ」というアプリはご近所半日旅を始めて以来、ものすごく重宝している。カメラを向けると、自動で画像認識して、それが何なのかを調べてくれるアプリだ。

とくに公園や緑地など、自然系スポットへ行ったときに大活躍する。

「綺麗な花だなぁ。なんていう名前なのだろう?」

そんな風に疑問を感じたなら、スマホを向けてみればいい。被写体にもよるが、精度はかなり高いという実感だ。

あとは路線検索や、雨雲レーダーなどのアプリも旅行中にはよく使う。

いずれにせよ、それらすべてに共通しているのは「調べ物」が目的だという点。SNSには投稿しないし、旅行の真っ最中には動画を見たり、ゲームもしない。自分の場合は音楽も旅行中には聞かないことにしている——旅先の音が聞こえなくなるのが嫌なので。

旅をしているとその都度色々と知りたいことが出てくる。スマホはそのためのツールとして使うぐらいでちょうどいい気がする。

心得七：予定は決めすぎない方がいい

旅をするにあたっては、どこまで計画を立てるかという問題がある。考え方は人それぞれだが、この点筆者はかなり適当だ。せいぜいアクセス方法など最低限必要な情報を調べる程度。予習はほぼしないに等しいが、困ったことはない。

予定は未定。つまり、出たとこ勝負というやつだ。

あらかじめ細かく計画を立て、その通りに行動するのには抵抗がある。安心感こそあるものの、面白味に欠けるというか。予定調和な旅よりも、偶発的な要素に翻弄されるぐらいのほうが、結果的に思い出にも残りやすい。

ちなみに、ガイドブックや情報サイトなどは極力見ないようにしている。チェックするとしても、なるべくテキストにとどめる。写真や動画で見てしまうと、本物をこの目にしたときの感動が薄れるからだ。

小説や映画などで先にネタバレを見てしまうとつまらなくなる感覚にも似ている。行く前から情報を仕入れすぎると、現地ではそれらの確認作業のようになってしまう。

ともあれ、まずは現地へ行ってみるのだ。すると、自然と旅が動き始める。予定なんてなくても、次々とやりたいことがはっきりしてくる。自分の中に生まれる衝動に素直に従えばいい。

そうは言っても、予定が何も決まっていないのは不安……という人もいるかもしれない。もしそうならば、一つ提案がある。

どこへ行って何をする、みたいな具体的なことではなく、その旅をするにあたって何を達成したいか、つまり目的を設定してみるのはいかがだろうか。

例を挙げるなら「花の写真を撮る」「見晴らしのいい展望スポットへ行く」「野鳥を観察する」など。「美味しいものを食べる」「地酒を飲む」といった欲望まみれの目的も方向性がハッキリしていてむしろいい。

目的さえ定まってしまえば、するべきことが自《おの》ずと決まってくる。これならば細かく予定なんて立てずとも現地で途方に暮れることはないはずだ。

目的は複数あってもいいが、優先順位は必ずつける。半日旅なので、よくばりすぎると失敗する。これだけは何としても成し遂げたい、というものをまずは一つ設定しよう。無事それを果たしたら、時間の許す限りで第二、第三の目的の達成もついでに狙っていく。

ここでいう目的は、テーマと言い換えることもできる。自分なりに、自分の旅らしいテーマを掲げればそれでいい。

第七章　たとえばこんなご近所半日旅

最終章となる本章では、「ご近所半日旅」の具体的な事例をいくつか紹介したい。
いずれも筆者が実際に体験したエピソードで、

「たとえば、こんなご近所半日旅はどうだろう?」

という提案である。

旅をするときは、目的が明確だと迷いが少ない。なんとなくどこかへ行く、というよりも、何かやりたいことがあるから旅をする。「どこへ行くか」よりも「何をするか」が大事だと思う。要するに、テーマである。

それゆえ、本章でもテーマごとに事例を整理することにした。全部で七つ。場所が被ったとしても、テーマが違うものは別モノ扱いとしている。

住んでいる地域によっても旅の選択肢は違ってくる。筆者は東京都在住ということもあり、ここで話す内容も東京近郊の旅話が主体だ。

とはいえ、地域が変わったとしても通用しそうなテーマをなるべく選んでいる。各自の生活環境に置き換えつつ、身近にある似たスポットなどを想定して、旅のイメージを膨らませていただけたら幸いだ。

それともう一つ補足しておくと、ここで紹介する話はすべて二〇二〇年春以降のものだ。そのタイミングを境に、旅の様相（というより、生活全般だが……）がガラリと変わったことは言うまでもないだろう。

新しい旅行様式を踏まえたうえで、無理はせずに安全な旅を心がけたい。

事例1　レインボーブリッジを歩いて渡る

テーマ：観光客目線で楽しむ

――レインボーブリッジを渡ったことはあるだろうか？

そんな質問に、東京都民や関東近郊に住む人ならイエスと答えるだろう。東京湾を横断する、あのレインボーブリッジである。首都高の重要路線だし、ゆりかもめも走っている。誰しも一度ぐらいは渡ったことがあるはずだ。

一方で、質問をこう変えてみるとどうか。

――レインボーブリッジを歩いて渡ったことはあるだろうか？

「歩いて」と付け加えた。恐らく、イエスと答える人は一気に減るだろう。そもそも、徒歩で渡れることを知らなかったという人もいるかもしれない。

かくいう筆者自身も、東京で暮らしてかれこれ三十年近くになるが、実は一度も歩いて渡ったことはなかった。橋の雄姿が見えるオフィスで仕事をしていたこともあるが、渡ってみようと考えたことすらなかった。

あまりに身近な存在であるがゆえにスルーしてしまう。地元の名所は無意識のうちに優先順位が低くなる。要するに、自分の中では観光地扱いしていなかったわけだが、そういう場所こそ「ご近所半日旅」で訪れるのに最適だ。

そんなわけで、ここからが本題。東京から出られない生活が続く中で、改めて都内のスポットに狙いを定めるようになった。レインボーブリッジもそのひとつで、いい機会とばかり渡ってみることにしたのだ。徒歩で。

今回は都心からお台場へ向かうことにした。深い理由はないが、ゴールが華やかな街であるほうがモチベーションが高まるかな、と思ったので。

まずは新橋駅からゆりかもめに乗車する。そのままずっと乗り続けると、レインボーブリッジを通過しつつ、お台場へ行けるのだが、今回は芝浦ふ頭駅で降りた。橋の都心側の入口の最寄駅なのだ。

改札を出たところに看板が出ており、矢印の方向に進んでいくと簡単に入口に辿り着いた。駅からは歩いて五分ぐらい。見上げると、真上に巨大な橋の構造物がある光景。

なかなかの迫力だ。

　ちなみに周囲は寂れた感じで、船に載せるコンテナが積み上げられ、業務用のクルマが停まっている。逆方向から来るとここがゴールになることを考えると、やはりお台場を目指すほうが良さそうだ。

　橋を渡るのは無料だから、入口には受付などはとくにない。というより、係の人も警備員も誰もいなかった。いちおう注意書きが色々と書かれていたが、無人なのでフリーパス状態だ。

　高所に架けられた橋だから、遊歩道へはエレベーターで上がる。ここで、最初にして最大の難題が発生する。遊歩道は橋の両端に設けられており、どちらを進むか選ばなけ

▼「レインボーブリッジ」という名前は、約2万通の一般公募から選ばれたのだという

ればならない。エレベーターも二種類用意されている。

これぞ運命の分かれ道である。

それぞれ南北に分けられることから、「ノースルート」「サウスルート」と名付けられている。途中で行き来することが不可能なので、一度歩き始めたら最後までずっと同じルートになる。

迷ったすえ、ノースルートを選択した。決め手は風景だ。反対側のサウスルートだとお台場が見えるのに対し、こちらは都心の街並みが望める。東京タワーをはじめ、高層ビルが立ち並ぶいかにも首都らしい景観が楽しめることに惹かれたのだ。

青く晴れ渡った日だったから、絶景が期待できそうだった。一眼カメラをカバンに忍ばせ、写真を撮る気満々でやってきた。これは現地で気がついたことだが、ノースルートのほうが日中は風景を撮る際に太陽が順光になるようで、その点でもルート選択は正解といえた。

実際行ってみると、橋の上からの眺めは最高だった。期待を超える絶景が広がっていたのだが——。

結論をいうと、思うような写真はあまり撮れなかったのだ。理由は単純で、怖かったから。我ながらなんとも情けない話だが……。

海抜約五十メートルもの高所に架けられた橋の上である。落ちないようにフェンスのようなものがあるが、端に近づくと眼下には海が広がっているのが見える。極度な高所恐怖症というわけではないが、正直腰が引けた。じっくり写真を撮る余裕なんてなかったのだ。

レインボーブリッジは二層構造になっている。上層が首都高速十一号台場線で、下層がゆりかもめと一般道である臨港道路および、歩行者用の遊歩道という構造である。

つまり、歩いているすぐ横をクルマが走っているわけだが、これも怖い。もちろん安全マージンは取られているが、大きなトラックなどがビュンと通り過ぎる瞬間はヒヤリとさせられるのだ。

さらには、振動も結構気になった。橋が微妙に揺れているのが分かるほどで、地に足が着いていない感じに恐怖心を覚える。

遊歩道は途中何ヶ所か広いスペースがあって、展望台のようになっている。そこには

▲橋の上の遊歩道。すぐ横をクルマが猛スピードで走り抜けていく

写真撮影用の三脚禁止の張り紙がしてあったが、橋が揺れているからそもそも三脚はあまり意味がない気がした。

三脚を使うシチュエーションとしては、やはり夜だろうか。橋自体がライトアップされるし、夜景もきっと綺麗なのだろうが、暗いぶん昼間よりもさらに恐怖心が増しそうだなぁ、などと想像したりもした。

のんびりそぞろ歩くというよりは、足早にゴールを目指すような形になった。とはいえ、貴重な体験ができる場所であることは間違いない。遊園地の絶叫マシーンなどとはまた違った種類の、スリリングなアクティビティである。

遊歩道の端から端までかかった所要時間は約三十分。ゴール地点であるお台場側の入口が見えたときには、心底ホッとしたのだった。

▼お台場の近くまで来ると、テラスから橋の全景が見えるようになる

事例2 神社でお参りするなら早朝に

テーマ：時間をずらして密を避ける

「そういえば、初詣をまだしていなかったな」

と思い出したのは、一月もそろそろ終わろうかという頃だった。

だいぶ出遅れたが、今年は正月早々に行くのも気が引けたのが正直なところだ。人混みの中に突入するのには抵抗があった。そのうち、空いた頃にでもゆっくり行こうと、先延ばしにしていたわけだ。

信心深いつもりはないが、以前はよく神社を巡っていた。神社へ行くと、その地の歴史や文化の一端に触れられるのが魅力で、旅行先で訪れるスポットの中でも優先順位が高めだった。

しかし一方で、神社は人が集まる場所でもある。由緒ある神社になればなるほど人気も高く、神社が最大の観光地という街も珍しくない。密を避けようと思うと、以前よりも気軽に足が向かなくなってしまったのは確かだ。

「行きたい神社はたくさんあるんだけどなぁ……」

と、気持ちを抑えていたのだ。

そんな中、初詣を兼ねて根津《ねづ》神社へ参拝しに向かったのである。

ちょっとしたアイデアが思い浮かんだのがきっかけだった。それは何かというと、早朝に行く作戦である。「エクストリーム出社」が一時期流行ったが、ああいう感じのイメージだ。神社ならば、朝早くからやっている。混雑を回避したいなら、時間をずらすのは間違いなく効果的だろう。

▼ 根津神社は綱吉によって甲府屋敷跡に移された。1706年に建立されたという社殿が見事だ

調べたところ、神社によっても異なるものの、都内の神社は朝六時に開門するところが多いようだった。季節によっても変わるようだが、要するに日の出の時間に合わせているのだろう。

根津神社も冬期は六時開門となっている。遅くても七時前には着くように家を出た。なぜ根津神社なのかというと、とくに深い理由はない。自分の行きたい場所リストで上位にあって、ずっと気になっていたのだ。行きたいから、行く。旅の理由なんてだいたいいつもそんなものだ。

自宅最寄駅から根津までは、乗り換えなしの電車一本で行けるのも朝早く行くうえで好条件といえた。

早起きは三文の徳とはよく言ったものだ。結論からいうと、この作戦は大成功だった。

根津神社は東京十社の一つに数えられる。日本《やまと》武尊《たけるのみこと》が千駄木の地に創始したと伝えられる古社だ。いまの社殿は五代将軍徳川綱吉により奉建されたもので、現存する本殿や楼門などは国の重要文化財に指定されている。

都内でも有数の、格式ある神社なのだが、さすがにその時間帯だと参拝客の姿はほとんどなかった。

もっとも、まったくないわけではないところが、むしろ注目ポイントといえる。それなりにニーズはあるのだ。朝イチでお参りをしようという考え自体は、それほどイレギュラーなものでもないらしい。

というより、実は早朝こそが、参拝向けの時間帯なのではないかとさえ思った。一日の始まりに、聖なる場所で神さまと向き合えるのはありがたいことだ。そもそも神社という場所はパワースポットとされる。気分の問題かもしれないが、朝のほうが境内にエネルギーが満ちているように思えた。

参拝を終えた足で、散歩がてら上野恩賜公園へ向かった。根津神社からは十五分も歩けば公園西側に辿り着く。

池之端門から園内に入ると、目の前に巨大な不忍池《しのばずのいけ》が現れる。犬を散歩させている人や、ランニングをしている人たちなどに交じって、池畔をのんびりそぞろ歩くだけでも実に気持ちがいい。

それにしても空いている。上野公園というと、とにかく人が多いイメージしかなかったから、朝がこれほど快適だったとは、と驚いた。広い公園を独占できたかのようで、なんだかものすごく得した気分になった。

一通り園内を散策したあと、上野駅前で朝食を食べ、電車に乗って仕事へ向かった。早起きご近所半日旅、クセになりそうだ。

▼ 上野公園も朝なら空いている。西郷さんの銅像の周りにすら人が誰もいなかった

事例3

懐かしすぎる地元の変化を楽しむ

テーマ：馴染みの地元を再発見

津田沼のパルコが閉店することになったというニュースを見て動揺した。個人的に馴染み深いデパートの一つだったからだ。

念のため書いておくと、津田沼というのは千葉県習志野市の地名で、周辺地域では最も栄えている街といっていいだろう。ＪＲと新京成電鉄の乗り換えが行われているターミナル駅でもあり、パルコはＪＲ津田沼駅の目の前に建つ。街のランドマークであり、周辺住民にとっては長年親しんできた存在だけに、それがなくなってしまうと喪失感は大きいはずだ。

筆者は元千葉県民で、大学卒業以前は津田沼から二駅隣の船橋に住んでいた。隣町とはいえ電車に五分も乗れば着く近さだから、買い物などでたびたび遊びに訪れていたのだ。青春の思い出の街のひとつである。

東京に移り住んでからは、すっかり縁が薄くなってしまったが、閉店すると聞いたらソワソワしてきた。いてもたってもいられなくなった。かくなるうえは――ということで行ってみることにしたのだ。

千葉県とはいえ、船橋は都心からそれほど遠くない距離にある。東京駅からＪＲの快速列車で約二十五分。余裕で通勤圏内だろうし、実際住んでいた頃も県境などほとんど意識することなく毎日都内の学校に通学していた。

そんなわけでまずは船橋駅で電車を降りたのだが、駅前の風景は昔と様変わりしていた。とくに南口は京成線の駅が高架にな

▼津田沼パルコは筆者が生まれた翌年に開業していた。なんとも寂しい限りだ

ったり、駅直結のホテルができたりと、あちこち再構築され綺麗になっている。

ただし、一方で商店街を歩いてみると、昔からあるお店が現役で営業していたりして嬉しくなった。かれこれ二十年以上も住んでいた街だから、それなりに思い出も蓄積されている。懐古に浸りすぎるのもダサいなあと自覚するものの、現地までやってくるとどうしようもなく心を揺さぶられるのだった。

別の街のようになってしまった南口に対して、船橋駅の北口はほとんど変化がなく、昔のままである。東武百貨店があって、イトーヨーカドーがある。目に見える違いとしては、巨大なタワーマンションが建ったことぐらいだろうか。

住民としてではなく、旅人としてやってくるとまた違った風景が見えてくる。「東照宮《とうしょうぐう》」の存在に気がついたのは、自分にとって大きな発見だった。駅周辺をブラブラしていてたまたま通りかかったのだ。

「日本一小さな東照宮」（諸説あり）なのだと看板に書かれていた。東照宮というのは、徳川家康を祀っているあの東照宮である。日光のものが有名だが、各地に存在する。

家康は狩猟を好み、そのための宿泊施設「御殿」を各地に建てさせた。それが船橋に

▲船橋の東照宮にも「見ざる、言わざる、聞かざる」の三猿が

もあったのだという。家康が宿泊したのは一六一五年のことというから、大坂の陣の頃。一六一六年に亡くなっているから、その前の年だ。

　かつての船橋御殿があったとされる場所に現在、東照宮は建てられている。全然知らなかったが、実は我が街に徳川家ゆかりのスポットがあったのだ。

「日本一小さな」というだけあって、確かにこぢんまりとしたお宮だ。結構綺麗なので、もしかしたら最近できたのかなとも思ったが、石碑に書かれた年月日を見ると、自分が住んでいた頃にはもう存在したのだと分かった。完全に見落としていたというか、若い頃はこういうものに興味が行かなかったのだろうなぁ。

一方で、自分が引っ越しした後に誕生した地域の名物も見つけた。食べ物である。いわゆるご当地グルメ。何かというと、ソースラーメンだ。

気になったので食べてみた。名前からしてB級感が漂ってくるが、実物は想像以上に個性的だった。その名の通り、ラーメンのスープがソース味である。あくまでもソース味のスープであって、スープがソースというわけではないのだが、とにかく濃い味で、口にした実感としてはソースを飲んでいるような錯覚がする。

オプションでハムカツを載せられるというので頼んでみた。ラーメンなのになんでハムカツ？　と一瞬思ったが、ソース味のスープだからこれが合うのだ。濃い目の味付けに、さらに揚げ物というのが食べる人を選びそうだが、飲んだ後のシメに良さそうだなぁというのも正直な感想だ。

船橋駅周辺を見て回った足で津田沼へ移動した。ＪＲ駅周辺に限っていえば、こちらはそれほど昔から変化していないように見える。もっとも、パルコが閉まった暁には、風景が一気に別のものになりそうな気もするが。

パルコの閉店は二年後の二〇二三年二月予定だという。現在はまだ健在で、久々に訪れたら中に入っているテナントこそ変わったものの、駅前ではとくに大きな商業施設であり、引き続き圧倒的な存在感を放っていた。

せっかく来たのだし、微力ながらお金を少しでも落としていこうと思い、約二十年ぶりに買い物をして帰路についた。

引っ越す前に住んでいた街や、小さな頃に生まれ育った街——いわば、昔ご近所だった土地を旅してみる。タイムスリップしたような気持ちで、懐かしい風景と向き合ってみるのもまた新鮮で楽しめるはずだ。

事例4

ローカル線途中下車しまくりの旅

テーマ：地元でも乗り鉄

青春18きっぷを買って、日本各地のローカル線に乗りに行くという旅を以前はよく敢行していた。気になった場所があれば途中下車したり。名物駅では写真を撮ってみたり。各駅停車の、のんびり旅である。

それほど熱心な鉄道ファンというわけではないが、地域密着型の鉄道路線だから、移動ついでに観光も兼ねられて一石二鳥だった。

世田谷線の旅を思いついたのは、そんな乗り鉄旅が懐かしくなったからだ。

――同じような旅を都内でもできないか。

フト、衝動に駆られた。そして、世田谷線の存在を思い出したのだ。

世田谷線は三軒茶屋と下高井戸間を結ぶ東急電鉄の路線である。軌道線上を走る、いわゆる路面電車のような公共交通手段だ。

似たような存在として、都内ならほかに都電荒川線（東京さくらトラム）もあるが、世田谷区民としてはこちらのほうが馴染み深い。とはいえ、普段はほとんど乗る機会がないのも事実で、いい機会とばかりご近所半日旅をしてみることにしたのだ。

小田急線を豪徳寺駅で降りると、徒歩圏内の距離に世田谷線の山下駅がある。今回はここから乗車したのだが、途中駅なのでなんだか中途半端だ。

山下駅から路線北側の終点・下高井戸駅までは、わずか二駅。そこで、いったん下高井戸駅まで行くことにした。乗り鉄の旅をするのなら、やはり端っこからスタート

▼世田谷区民の生活路線。私鉄との接続駅も複数あって結構便利

したほうが気分的に盛り上がる。自己満足にすぎないが、気分は大事だ。

下高井戸には行ってみたいところがあった。

どこかというと、菅原《すがわら》神社である。別名、菅原天神。その名から想像できるが、祀られているのは菅原道真公だ。学問の神さまを祀った場所としては、九州の太宰府天満宮や、都内だと湯島天神などが有名だが、世田谷にもあるのだ。

神社は駅から住宅街を少し歩いた先にひっそりと佇む。知らないと、こんなところにあるなんて気がつかなそうなほどだ。

受験シーズンも終わったからか、境内は閑散としていた。敷地はそれほど大きくなく、こぢんまりとした神社だが、朱塗りの社殿がとにかく絵になる。ちょうど梅の開花時期で、紅白の花々が一足早く春の訪れを告げていたのも印象的だ。

出発したのはお昼過ぎだったから、お参りを済ませた頃には小腹が減ってきた。その場で調べてみると、駅前に老舗のたい焼き屋さんがあるとわかり、立ち寄ってみることにした。

「たつみや」という店だ。商店街の中にある、昔ながらのたい焼き屋さん。クリームなどほかの味ははなく、あんこ味一択という潔さがいい。ひとつ一五〇円。羽根付きのたい焼きで、あんこがたっぷり入っておりなかなか食べ応えがある。旅歩きがてらつまむには、うってつけだ。

腹ごしらえを終えたところで、再び世田谷線に乗車した。ちなみに運賃は区間にかかわらず一律一五〇円。たい焼きの値段と同じ。何度も途中下車したとしても、大した出費ではないのもうれしい。さらに「世田谷線散策きっぷ」を利用すると、おとな三四〇円で何回でも乗り降り可能だ。

続いて降りたのが宮の坂駅だ。ここからは34ページで触れた世田谷城址にも行けるのだが、すでに訪問済みだったので今回は世田谷八幡宮《せたがやはちまんぐう》へ行ってみることにした。なんだか神頼みが続くのだが、寺社巡りは半日旅の定番だ。

世田谷八幡宮は、地域の鎮守として厚い信仰を集めている。実際に自分も参拝してみて、そのことをまざまざと実感させられた。訪れたのは平日だったのだが、参拝客がひっきりなしに訪れていたのだ。創建は十一世紀後半。かつては宇佐《うさ》神社と呼ばれたこともあったという。

▲ 世田谷八幡宮。源義家が奥州からの帰途立ち寄り、戦勝を感謝して創建したと伝わる

幹線道路に面しているため、前を車でよく通るのだが、実をいうと中に入るのは初めてだ。九州・大分にある本家の宇佐神宮——八幡さまの総本宮とされる——へは行ったことがあるのに、地元の八幡宮は完全にスルーしていた。我ながら、罰当たりだなぁと反省してしまう。

境内は広々としており、緑に囲まれた静かな空間が居心地いい。敷地の一角には水辺もあって、野鳥が寛《くつろ》いでいた。区の花であるサギソウも植えられている。世田谷観光のハイライトといえそうな名所だ。

再び世田谷線に乗り込んだ。上町、世田谷、松陰神社前と駅が続く。このあたりは区役所を中心に街が形成されており、いわば世田谷の中心地。区役所周辺のスポットについては第二章でも紹介している。グルメの名店も多く、ひとつオススメを挙げると、「サンセリテ」というパン屋はお気に入りだ。

若林駅を過ぎ、環七通りを大きく横切ると、いよいよ三軒茶屋が近づいてくる。世田谷線の旅もいよいよフィナーレだ。

三軒茶屋では、駅に直結するキャロットタワーの展望台に上ってみた。二十六階という高所に位置し、眺めは最高だ。しかも

▼キャロットタワーの展望台。天気のいい日に訪れたい

無料というのが素晴らしい。都内の展望スポットの中でも、穴場の一つといえるだろう。

窓ガラスが主に西側に面しており、そちら方向には高い建物なども少なく、風景を遮るものがないのも魅力だ。遥か遠くの山並みまで望める。天気のいい日にはもちろん富士山の姿も見られる。

三軒茶屋からは、田園都市線に乗り継いで渋谷へ出られる。下り方向なら二子玉川などへも行ける。あるいは、バスで下北沢へ向かう手もある。

手軽な割に満足度は高い。都内で乗り鉄旅というのも新鮮なのだ。

事例5

香川まで行かずに「うどん」食い倒れ旅

テーマ：近場でも名物を味わう

仕事で浅草に来ていたときのことだ。午前中で用事が済み、午後はフリータイムとなったから、どこかへ行ってみようと思い立った。ちょっとした空き時間を有効活用する。突発的に出発可能なのはまさに半日旅ならではだ。

実は、食べたいものがあった。うどん、である。

ちょうどお昼の時間帯だったし、お腹が空いていたこともあって、一度食べたいと思ったら欲望が抑えられなくなった。口がうどんになってしまったというか、もはやうどんのことしか考えられなくなってしまった。

どうせなら、とびきり美味しいうどんを食べたい。

うどんといえば……香川県？

考えただけで涎《よだれ》が出そうになった。本場の讃岐うどんを食べ歩く旅なんて最高だ。これから羽田空港へ行って、高松行きの飛行機に乗ろうかという勢いだったが、さすがにそこまでするほどの余裕はない。

代わりに向かったのが東武鉄道の浅草駅だった。そのまま切符を買って「特急りょうもう」に乗り込んだ。目的地は館林である。

関東近郊でうどんの名所といえば、真っ先に思い浮かぶのが群馬だ。歴史的に小麦の生産が盛んな地域であり、「群馬三大うどん」なるものがあるほど。

三大うどんは館林、桐生、水沢（渋川）だが、館林に狙いを定めたのは三箇所の中で最も近いから。浅草からなら乗り換えなしの電車一本で行けることが決め手となった。乗車時間もほぼ一時間と、実は案外サクッと辿り着ける。

半日旅において重要なのは、移動距離よりも移動時間だ。たとえ遠方であったとしても、交通の便によっては十分に候補地になり得るのだ。

館林駅は近代的なつくりで、改札が複数あるなど駅舎の規模も比較的大きい。東口を出ると、広々としたロータリーにタクシーが何台か停まっていた。駅前にはよくあるチェーン系の飲食店などはなく、コンビニがあるぐらい。いい意味で静かな雰囲気なのを見て、地方都市へやってきたのだなぁと実感が湧いた。

お目当てのうどん屋さんは駅から歩いて数分の距離にある。その名も「花山《はなやま》うどん」。創業百二十年余り。明治時代から続く、地域の老舗だ。

外観こそ古めかしさもあるが、店内は小綺麗で上品な雰囲気。テーブル席には、隣の客との境に当然のようにアクリル板が設置されていた。

注文したのは、この店の名物「鬼ひも川」だ。幅が五センチもあるという、特徴的な幅広のうどん。普通の麺も食べられるが、旅行者としてはせっかくだからほかでは味わえないもののほうがありがたい。

少し悩んだのは、温かいものと、冷たいもののどちらにするか。訪れたのが冬だったから、温かいほうを頼むのがセオリーだが、このうどんに限っていえばどうやら冷たいほうがスタンダードらしい。

「冷たいほうがオススメですよ。日本一になったのは冷たいうどんです」

と、お店の人が教えてくれたので、結局冷たいほうに決めた。「日本一」というのは、「うどん天下一決定戦」のことだ。全国のご当地うどんが集まる祭典で、なんと三年連続で

▲珍しい太麺のうどんで、器もユニーク。つい写真に撮りたくなる

日本一に輝いたのだという。

根がミーハーだから、それを知って俄然期待が高まった。旅先で外食する場合には、こういうストーリーが案外大事だったりする。

期待が大きすぎると、自分の中でハードルを上げてしまいがちだ。ところが、いざ食べてみたら、そのハードルの遥か上を越える美味しさだった。

渡された食べ方の説明書に、はじめの一口は何もかけずに麺そのものを味わうようにと書いてあった。その通りにしたら、麺の甘味がよく分かった。

幅広麺といえば名古屋のきしめん

が有名だが、鬼ひも川はきしめんとは食感がだいぶ違う印象だ。コシが強く、もちもちしており、食べ応えがある。質量もあるのか、箸でしっかりすくわないと持ち上がらないほどだ。

具として豚肉が盛られているのも贅沢だ。さらには冷たい鬼ひも川にだけ温玉が載っている。讃岐うどんでいえば、ぶっかけうどんのような一品で、だし醤油やワサビをかけ、よく混ぜて味わった。

お代は千円ちょうど。電車賃のほうが高いぐらいだが、わざわざ食べに来るだけの価値はあると感じた。

鬼ひも川を食べる際には、味以外に器にも注目したい。一般的なうどんのお椀ではないのだ。写真を見れば一目瞭然。そう、タヌキの焼き物なのだ。

館林はタヌキの街である。駅前にはタヌキの像が立っているし、マンホールもタヌキの絵柄だったりして、いたるところタヌキだらけ。

店を出たあとは、「茂林寺《もりんじ》」へ足を運んでみたのだが、ここはまさにタヌキ寺だった。子どもの頃に読んだ童話に、『分福茶釜』という話があったが、その発祥の地でもあるのだという。

境内には数多くのタヌキ像が立ち並ぶ。なんともシュールな光景で、食後に腹ごなしがてら訪れるにはうってつけのスポットという感想だ。

寺そのものも見応えがあるが、その奥に広がる「茂林寺沼」には個人的に心惹かれるものがあった。館林の里沼の風景は近年、日本遺産にも登録されている。茂林寺沼はそのひとつで、遊歩道を歩きながら湿原を観察できる。

黄色い葦《あし》が沼地を埋め尽くす様は誇張抜きで絶景と言っていい。南米のチチカカ湖に葦でつくられた有名な浮島があるのだが、

▼茂林寺はタヌキだらけ。珍スポット好きにはたまらない？

あの風景に酷似していると感じた。写真を撮る角度によっては、似ているというよりそっくりに見えるほどだ。

さらには、館林は「宇宙《そら》よりも遠い場所」というアニメの舞台としても注目を集めている。女子高生が行方不明となった母親を探して南極を目指す物語で、泣ける名作だ。作中には茂林寺も出てくるし、アニメを観てから聖地巡礼で来るのもいい。

うどんを食べて観光もして、滞在時間は二時間程度だった。距離の割には短時間で行けるし、手軽ながら十分に旅気分を味わえる。ご近所半日旅の応用編としてオススメだ。

▼寺の奥には沼地が広がる。伸びた葦に囲まれた風景は一見の価値あり

事例6

ご近所でもアメリカ旅行ができる⁉

テーマ：日本で海外旅行気分

カマボコのような形をした茶畑の風景に目を細めた。そうか、狭山《さやま》といえば狭山茶だったな、と思い出す。和の風情が感じられる美しい情景だが、今回の旅のお目当ては日本的なものとは対極の存在だ。

狭山市から北上し、入間市に入ってすぐのところにその街はあった。ジョンソンタウンという。

カタカナで書いたが、現地の看板には「JOHNSON TOWN」と英語が掲げられている。一歩足を踏み入れると、ガラリと世界が変わった。区画整理された敷地内に、白壁の平屋が立ち並ぶ。家屋どうしを遮る塀のようなものはなく、庭には芝生が敷き詰められている。そういえば、電柱も見当たらない。

「PALM ST.」「MAGNOLIA ST.」など、通りの名前はすべて英語だ。星条旗が風にはためいているのを見て、「ああ、アメリカへやってきたのだなぁ」と感慨が湧いてきた。

白い家々は、いわゆる米軍ハウスだ。戦後、アメリカの進駐軍の家族がこの地で暮らしていたのだという。現在は当時の雰囲気を残しながらの開発が進み、アメリカンな街並みが広がる街として注目を集めている。

沖縄へ行くと、似た風景をしばしば目にするが、本州では珍しい。しかも、都内からクルマで一時間ぐらいと、手頃な距離にあるのも魅力だ。

ジョンソンタウンを散策していると、自分がどこを旅しているのか分からなくなっ

▼見渡す限り英語だらけの世界。ここは本当に日本？と戸惑いながら

てくる。日本にいるはずなのに、景色はアメリカそのものだからだ。

　軒先やテラスに花々やオブジェが飾られたりしていて、どのお家も妙に絵になる。かつてニューヨークの郊外で目にした街並みが頭をよぎった。ちょうどハロウィンの季節で、カボチャの装飾などをあちこちで目にした。

　あれはクイーンズだったろうか。あるいは、NYに隣接するニュージャージー州の街だったかもしれない。マンハッタン内はホテル代があまりにも高額なので、NYへ行くとだいたいいつも郊外に泊まるようにしていた。

▼家だけでなく、駐まっているクルマもまたアメリカンな感じだ